BAZINGA!

Toni de la Torre

BAZINGA!

Tradução

Marcelo Barbão

Lafonte

GENETICS
Thermal Physics
ICARUS

Edição brasileira
Diretor *Antonio De Paulo*
Coordenação editorial *Elaine Barros*
Capa e projeto gráfico *Kleber Ribeiro*
Tradução *Marcelo Barbão*
Preparação *Tuca Faria*
Revisão *Ana Lucia Neiva*
Crédito das imagens *Keystone*

Esse livro é um trabalho autônomo de comentário, análise e crítica. Nem o livro, nem seu autor, nem a editora foram apoiados, patrocinados ou estão associados de alguma forma com o proprietário do copyright de *The Big Bang Theory* ou com os criadores da série.

Dados Internacionais de Catalogação na Publicação (CIP)
(Câmara Brasileira do Livro, SP, Brasil)

Torre, Toni de la
Bazinga! : Um guia para a vida com Sheldon Cooper / Toni de la Torre ; tradução Marcelo Brandão. -- São Paulo : Lafonte, 2014.

Título original: Bazinga!
ISBN 978-85-8186-190-6

1. The big bang theory (Seriado de televisão) I. Título.

13-12735 CDD-791.4572

Índice para catálogo sistemático:
1. The big bang theory : Seriado de TV : Artes 791.4572

1ª edição brasileira: 2014
Direitos de edição em língua portuguesa, para o Brasil, adquiridos por Editora Lafonte Ltda.

Av. Profa. Ida Kolb, 551 – 3º andar – São Paulo – SP – CEP 02518-000
Tel.: 55 11 3855-2294 / Fax: 55 11 3855-2280
atendimento@editoralafonte.com.br • www.editoralafonte.com.br

Embora eu esteja entre aqueles que acreditam na teoria dos universos paralelos, que postula a existência de um número infinito de Tonis em um número infinito de universos, posso assegurar que em nenhum deles eu saberia viver sem Mireia.

SUMÁRIO

Parte I: Toc, toc, toc 13

Parte II: Esse é o meu lugar! 33

Parte III: Está no Acordo de Convivência 51

Parte IV: Bazinga! 73

Parte V: Soft kitty, warm kitty 93

Sheldonário 113

Frases do Sheldon 197

Curiosidades 223

PARTE I

TOC, TOC, TOC

Sheldon e ele mesmo

1. PENNY, PENNY, PENNY

Sheldon sempre, sempre, sempre bate três vezes na porta do apartamento de Penny e a chama pelo nome outras três vezes. Na verdade, pode ser Penny, Leonard ou quem for. Sheldon faz o mesmo com todas as portas e todas as pessoas. Por que faz isso? Alguns diriam que é algo estranho e então passariam a classificá-lo como uma pessoa estranha. Uma afirmação absurda! Sheldon não é um cara estranho. Porque, se fosse, você não estaria lendo esse livro.

Sheldon é o protagonista de uma das séries de maior sucesso da televisão, com milhões de espectadores em todo o mundo. Milhões de espectadores riem com ele e se conectam com suas referências ao mundo dos quadrinhos, das séries, dos filmes de ficção científica e dos videogames. Desse modo, é impossível considerar Sheldon um cara estranho. Porque, quando tanta gente se identifica com um personagem, esse deixa automaticamente de ser estranho, pois não pode ser estranho algo que interessa à maioria, não é mesmo? É senso comum.

O próprio Sheldon explica a Penny quando ela afirma que Howard é estranho:

> **PENNY: Você é meio esquisito, como Sheldon.**
> **SHELDON: Perdoe-me, Penny, mas nesta sala a esquisita é você.**

Penny fica surpresa, mas não há dúvida de que ele tem razão: em um ambiente no qual se encontram Sheldon, Howard, Raj e

Leonard, a diferente, a alienígena do grupo, é ela. Pode ser que Penny não saiba diferenciar entre *Star Wars* e *Jornada nas Estrelas*, mas os protagonistas de *The Big Bang Theory* sabem, e os seguidores da série também.

A popularidade de Sheldon como personagem televisivo é o reflexo de outra maioria. Uma maioria até agora silenciosa que durante muito tempo não se viu refletida nas séries de televisão. Porque, até a chegada de Sheldon, personagens como ele estavam destinados a segundo plano, ao contraponto cômico perante os protagonistas "normais". No entanto, Sheldon fugiu à regra. E se o peculiar for o normal?

Embora a maioria das ficções insista em mostrar que o estranho é a exceção (o elemento da classe menosprezado pelos demais por ser diferente), a realidade é que o espectador médio tem mais em comum com o viciado em videogames do que com o capitão do time de futebol. Identifica-se mais com as garotas que leem romances açucarados do que com aquelas mais atiradas e muito populares. De novo, pensamos na ideia do quadro proposta por Sheldon: quem são a maioria, os Sheldons ou as Pennys?

Na filosofia de vida de Sheldon se encontra uma defesa implícita da peculiaridade de aprender a adorar as próprias peculiaridades. Sheldon bate na porta três vezes e talvez isso faça com que pareça esquisito aos olhos de alguns. Mas, na realidade, todos temos peculiaridades que nos tornam diferentes. Sejam ou não visíveis.

Então, qual é o problema? Vamos liberar nossa singularidade. Vamos jogar uma partida de Halo, vamos discutir as regras de Dungeons & Dragons, vamos imprimir o rosto de um cylon nas torradas! Ninguém tem o direito de dizer ao outro que ele é diferente, por um motivo muito simples: todos somos. E eu acrescentaria: ainda bem!

2. ABRACE SEU LADO NERD

Se há algo que separa Sheldon e Leonard é a forma como vivem sua peculiaridade. Enquanto o primeiro está contente consigo mesmo, o segundo procura a aceitação dos demais. Sheldon vive no mundo de Sheldon e está feliz com isso, ao passo que Leonard vive no mundo de Sheldon (com quem se parece muito), mas gostaria de viver no mundo de Penny. Um mundo que acredita não merecer porque está além de seu alcance. Afinal, devemos lembrar que

Penny é uma garota atraente que saía com os rapazes musculosos no colégio. Por que ela olharia para Leonard?

Para alcançar seu intento, Leonard tenta se adaptar ao mundo de Penny, a garota popular, e às convenções dela, renunciando ao próprio mundo e a seus gostos. Algo que ele faz porque está convencido de que é a única maneira de conseguir ficar com ela. Afinal, ele não é nada mais do que um simples nerd; por que Penny deveria se interessar por ele?

Mas Sheldon não compartilha desse ponto de vista.

Leonard: Garotas como Penny nunca se envolvem com caras que possuem máquinas do tempo.

Sheldon: Eu discordo. Sua incapacidade de cortejar Penny é muito anterior à sua aquisição da máquina do tempo. Esse fracasso claramente é só seu.

Sheldon não se preocupa com o que pensarão os demais nem tenta se encaixar em nenhuma parte. Ao contrário, os esforços que Leonard para ficar com Penny o deixam espantado. "Quanto aborrecimento para conseguir sexo... Você não tem acesso a mulheres que podem fazer isso por dinheiro?", pergunta quando o vê disposto a aprender todas as regras de futebol americano (um esporte que ele não compreende, como todos os esportes) só para ficar bem com os amigos de Penny que vão à casa dela para ver a partida.

Leonard: Vou até a casa da Penny assistir a um jogo com seus amigos e não quero parecer um idiota. Quero me misturar.

Sheldon: Se você quer se misturar com os amigos de Penny acho que parecer um idiota seria a camuflagem perfeita.

De algum modo, Leonard associa sair com Penny com pertencer ao mundo dela (convertendo-se no tipo de garoto que supõe que ela gosta). Mas a tese é equivocada, pois não há nada que indique que uma coisa levará à outra, como bem apontou Sheldon. No entanto, Leonard chega a falar em renunciar àquilo de que gosta. Em uma ocasião, na qual Penny diz que seus *hobbies* são patéticos, Leonard decide enfiar todos os seus bonecos e brinquedos em uma caixa e livrar-se deles. Teoricamente, trata-se de amadurecer. Mas desde quando amadurecer é deixar de fazer as coisas de que gostamos? O lado nerd de Leonard é parte dele. Algo que, por sorte, Penny vê a tempo:

> **"Você é um cara legal, e são as coisas que ama que o fazem ser quem você é."**

Leonard deveria observar mais a relação entre Howard e Bernadette. Ela não pede que Howard renuncie ao seu lado nerd. Bernadette gosta dele como é, mesmo que isso inclua dormir em um quarto que tem dois sabres de luz de *Star Wars* e um pôster de Lineage II na parede.

3. VISITANDO A COMIC-CON

Sheldon não esconde suas peculiaridades; ao contrário, demonstra-as com orgulho. Por isso não perde nunca a Comic-Con, evento para os fãs dos quadrinhos, fantasia e ficção científica, em todas as formas possíveis – de videogames a filmes, passando por séries de televisão. Sheldon e seus amigos participam todo ano da Comic-Con fantasiados de seus personagens favoritos, orgulhosos de serem nerds, apesar dos preconceitos.

Ocorre que, vistos de fora, os entusiastas da Comic-Con são, para muitos, um bando de esquisitos com muito tempo livre. Nem mesmo Penny consegue evitar certo olhar de ceticismo sobre esse encontro de fãs das aventuras galácticas e dos super-heróis com capa. Mas Sheldon se orgulha de participar a cada ano, não importando o que digam.

No entanto, sua fortaleza não é impenetrável; ele também passou por momentos em que teve vontade de se render e jogar a toalha. Sim, estamos falando da viagem a Bakersfield, um povoado ao norte de Pasadena, onde é celebrada uma pequena Comic-Con. Sheldon, Leonard, Howard e Raj decidiram participar da convenção fantasiados de personagens de *Jornada nas Estrelas: a nova geração*, mas nunca chegaram ao seu destino.

Os amigos decidiram parar no caminho, em uma zona desértica onde haviam sido rodadas algumas das cenas da série e tirar fotos fantasiados. A ideia era genial. Mas ocorreu um pequeno imprevisto, porém: o carro deles foi roubado enquanto tiravam as fotos, obrigando-os a caminhar quilômetros sob o sol, cozinhando dentro das fantasias.

Inicialmente, Sheldon se manteve otimista. Afinal, estavam em uma aventura parecida com a dos personagens de *Jornada nas Estrelas*.

"Durante toda a vida, sonhamos estar em um dos mundos de fantasia que amamos. E olhe para nós. Nesse momento, somos, na verdade, um grupo de *Jornada nas Estrelas* presos em um ambiente alienígena e implacável, apenas com nossa inteligência, determinação e coragem. Enquanto tivermos isso, nada poderá nos impedir..."

O discurso de Sheldon foi interrompido por um automóvel que passou pela estrada. Alguém pôs a mão para fora da janela e atirou uma embalagem com um líquido gorduroso que atingiu Sheldon. Seguiu-se um grito do interior do veículo: "Nerds!"

Foi o começo de uma longa humilhação sob o sol do deserto, que acabou com nossos amigos olhados como bichos esquisitos em um bar, e um policial que não conseguia disfarçar o sarcasmo enquanto anotava detalhes do roubo do carro. Leonard, Howard e Sheldon desistem e decidem voltar para casa.

Raj: O quê?! E a missão?! Você falou que éramos um grupo de exploração da vida real.

Sheldon: Sim... bem... não somos. Somos um grupo de exploração imaginário, no qual estranhos da vida real, que acham que somos idiotas, jogam lixo de verdade em nós. E, para ser sincero, começo a me sentir assim. Quero ir para casa agora.

"Sim, há ocasiões em que o mundo consegue fazer você se sentir mal. Ninguém disse que isso de ser você mesmo seria uma tarefa fácil."

4. UM HOMEM DE CIÊNCIA

Acima de tudo, Sheldon é uma mente científica, e é a partir disso que surgem muitas de suas peculiaridades. Ao contrário de Leonard, cujas decisões têm uma base fortemente emocional, Sheldon decide sempre de forma racional. A lógica e a ordem definem os atos do personagem a todo momento. Como homem de ciência, Sheldon está acostumado a trabalhar com fatos, teses e verdades.

PENNY: Você não adivinha o que acabou de acontecer.

SHELDON: Eu desisto, não adivinho mesmo. Como cientista, chego a conclusões baseadas na observação e na experimentação.

Por isso Sheldon se sente incomodado com qualquer situação que requeira suposições (algo que para ele é absurdo, visto que supor é um exercício inútil em comparação com demonstrar) ou empatia emocional mínima (as emoções não têm lugar no mundo da ciência, sendo dispensáveis em qualquer situação). Na realidade, Sheldon se parece muito com Albert Einstein, seu cientista favorito. E é absolutamente incomum um homem da ciência ser o protagonista de uma série. Normalmente, os personagens que protagonizam as ficções são emotivos e dão grande importância ao que sentem, como Leonard.

Vivemos em uma sociedade que valoriza muito a emoção, colocando em segundo plano a inteligência, relacionada à frieza, inversamente ao que acontecia séculos atrás, quando o caráter emocional era secundário, e se valorizavam nas pessoas sua capacidade sua capacidade intelectual e habilidades.

A emoção adquiriu importância cada vez maior nas prioridades do ser humano, sobretudo numa sociedade em que a maioria da população tem as primeiras necessidades cobertas. À falta de outros problemas, preocupamo-nos com as emoções. No entanto, Sheldon coloca em dúvida a importância que damos às emoções, sentindo grande aversão a elas, principalmente porque são inimigas da lógica e do raciocínio intelectual, que são a base de sua filosofia de vida.

Como cientista, Sheldon rechaça a emoção para se concentrar na lógica. E, embora sua postura possa parecer radical, sem dúvida é mais eficiente para resolver conflitos. Com frequência, vemos Leonard envolvido em seus problemas com Penny, até se deixar cair no sofá e ficar ali abatido, sem saber o que fazer.

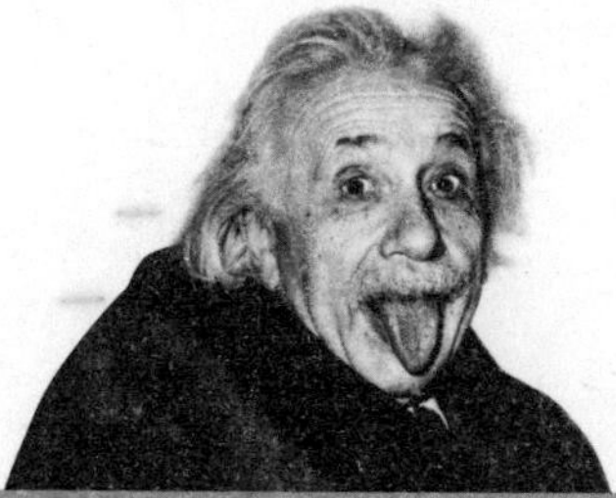

Comparação entre Einstein e Sheldon

Einstein	Sheldon
Quando pequeno tinha dificuldade em fazer amigos por causa de seu caráter solitário.	Não só tinha dificuldade em fazer amigos como também em evitar ser odiado pelas outras crianças.
A escola era chata, já que não se apresentava como um desafio para ele.	Ficava aborrecido com a escola, sua educação católica e a vida no Texas em geral.
Aprendeu a tocar violino aos 5 anos.	Aprendeu a tocar piano quando era criança.
Tinha o hábito de repetir a mesma frase várias vezes até os 7 anos.	Tem o hábito de repetir constantemente costumes, em especial comidas.
Desde cedo começou a desenhar modelos de aparelhos.	Quando pequeno construiu o próprio aparelho de tomografia computadorizada.
Tinha memória eidética e afirmava que não costumava pensar em palavras.	Tem memória eidética, que usa para jogar Mystic Warlords of Ka'a.
Tinha pouco tato e capacidade empática.	Seu tato é nulo, bem como sua empatia.
Concentrava-se tanto em seu trabalho que se esquecia até de comer.	Concentra-se tanto no trabalho que chegou a passar várias noites acordado.
Teve um trabalho rotineiro, no escritório de patentes de Berna.	Teve um emprego rotineiro, como garçom na Cheesecake Factory.
Reconheceu ter se equivocado em sua proposta da constante cosmológica.	Reconheceu ter se equivocado em seu estudo dos monopolos magnéticos.
Nunca aprendeu a dirigir, nem teve carteira de motorista.	Não tem, nem quer ter, carteira de motorista. Prefere que os outros o levem.

Mas como é que estar deprimido e com a cabeça afundada no sofá pode ajudar a resolver um problema? De nenhuma maneira, com certeza. A atitude de Sheldon, embora aparente frieza, é muito mais positiva, porque ele não afunda com o problema, mas busca sua solução.

As emoções podem dificultar a análise de um conflito que tem uma solução simples. Seria o equivalente a jogar Tetris com as peças descendo em maior velocidade. Com as emoções atuando, perdemos a capacidade racional, não conseguimos parar e ver a situação com clareza. No momento em que liberamos as emoções (tristeza, pena, frustração, raiva etc.), estamos acelerando a decida das peças, e assim é difícil organizá-las e fazer com que se encaixem de forma lógica.

5. HORA DE JOGAR HALO

Sendo a brilhante mente lógica que é, Sheldon necessita que seu mundo seja regido por uma ordem concreta. Pode ser uma ordem sustentada por fortes motivos ou uma ordem sustentada por nada mais que a necessidade de existir uma ordem. O importante é eliminar a desordem, pois essa leva ao caos, e o caos leva ao irracional. É por isso que Sheldon tem um elaborado calendário, que ele cumpre com todo o rigor, sendo especialmente insistente quando os outros não cumprem o horário marcado.

“Podemos começar a noite de Halo? Deveríamos ter começado às 20h e já são 20h06.”

Em sua agenda, tudo está estabelecido de antemão: que dia lavar a roupa, onde jantar a cada noite, o que irá almoçar a cada dia, quem o levará ao trabalho, o que ver na televisão... inclusive suas digestões estão previstas. Não há nada que não esteja programado.

Esse comportamento pode parecer uma loucura, mas não é. Pense na quantidade de tempo que perdemos tentando decidir coisas banais. O que peço do menu? O que tomo no café da manhã de hoje? Imagine todas as decisões desse tipo já resolvidas antecipadamente. Você poderia programar melhor sua vida e não perderia tempo pensando em questões que não têm a menor importância. A liberação para a mente seria incrível e, além disso, um horário fixo daria consistência à nossa vida.

Quando incorporamos hábitos fixos, a vida ganha maior estabilidade, e o imprevisto – algo sempre desestabilizante – acaba reduzido. Pode ser que marcar um horário nos dê a sensação de estar limitando a quantidade de coisas que podemos fazer, mas na verdade estamos nos assegurando de que conseguiremos realizar aquilo a que nos propusemos. Quando existe uma ordem, fica muito mais fácil fazer tudo o que queremos.

Por isso Sheldon é fiel a seu horário, do qual nunca abre mão (se Penny prepara torradas e é segunda-feira, ele as joga fora porque nas segundas ele come aveia). Também lhe parece inconcebível que os demais não sigam um horário. Vejam como Penny se explica quando os rapazes a convidam para jogar Halo:

PENNY: Ah, que doce... Mas vou sair com uma amiga para dançar.
SHELDON: Você não pode ir, é noite de Halo.
PENNY: Bom, para Penny, é noite de dançar.
SHELDON: Você sai para dançar toda quarta-feira?
PENNY: Não.
SHELDON: Então não é "noite de dançar".
PENNY: Por que a gente não joga amanhã?
SHELDON: Porque *hoje* é noite de Halo. É como falar com uma parede...

Penny costuma ser a origem de desvios para Sheldon, porque impede que ele siga seu horário marcado. Poucas vezes ele foi visto sofrendo tanto como naqueles dias em que Penny, viciada em Age of Conan, não parava de interromper sua rotina.

"Ela está interferindo no meu sono, está interferindo no meu trabalho... e, se houvesse outro aspecto significativo da minha vida, tenho certeza que estaria interferindo nele também."

A agenda de Sheldon Cooper

Segunda	Terça	Quarta	
8h Comer aveia (Em certa ocasião, Penny fez torradas, e Sheldon teve de jogá-las fora.)	**8h** Ir ao banheiro.	**8h** Ir ao banheiro.	**8h** Ir a
14:45h Fazer embaixadinhas com uma bolinha para relaxar.	**14:45h** Fazer embaixadinhas com uma bolinha para relaxar.	**14:45h** Fazer embaixadinhas com uma bolinha para relaxar.	**14:** Faze emb com para
18h Jantar comida tailandesa em casa.	**18h** Jantar hambúrguer (No começo jantava um hambúrguer no Big Boy, mas mudou para a Cheesecake Factor.)	**17h** Comprar revistas em quadrinhos novas na loja de Stuart.	**18h** Jant (Com Soup mas Big B esse ocup feira é noi
------ ------ ------	------ ------ ------	**20h** Halo Night (Normalmente jogam os rapazes, mas às vezes Penny participa – e ela joga muito bem.)	

xta	Sábado	Domingo
iro.	***6h15*** Comer uma tigela de cereais com leite e assistir a um episódio novo de Dr. Who, da BBC America.	
has olinha r.	------ ------ ------	Jogar paintball.
esa.	------ ------ ------	
Vintage Night. games do H e velhas gráficas .	***20h15*** Noite de lavar roupa.	

6. AS MUDANÇAS DE GEORGE LUCAS

Sheldon é profundamente avesso a mudanças. E, apesar de até desejarmos as mudanças, por acreditar que mudar é bom e que as coisas novas serão melhores, não há nenhum tipo de lógica nem argumento racional que sustente essa afirmação.

Mãe de Sheldon: Não há problema em tentar algo novo.
Sheldon: Há muitos problemas em tentar algo novo. É por isso que testamos drogas e cosméticos em coelhos.

Na verdade, quando afirmamos que mudar é bom, esperamos que a mudança nos traga coisas boas. Mas a esperança de que aconteça algo – e acreditar que será positivo – pertence ao universo das emoções; não é uma tese que surge depois de uma série de deduções lógicas. Queremos acreditar que, se pedirmos demissão, encontraremos um emprego melhor; que, se mudarmos de apartamento, o novo será melhor; que, se trocarmos de namorada... etc. Mas existe alguma prova de que realmente será assim? Claro que não.

Por exemplo, cada vez que George Lucas decide modificar algum aspecto da saga *Guerras nas Estrelas*, existe a possibilidade de que ela seja melhorada, mas sempre acaba pior.

Por isso, quando Sheldon descobre que terá novos vizinhos no andar de cima, não consegue ficar calmo.

Sheldon: O horror!
Penny: Sheldon, vai ficar tudo bem.
Sheldon: Não, não vai ficar bem, a mudança nunca é boa. Eles dizem que é, mas não é.
Penny: Bom, tenho certeza de que os novos vizinhos serão tão silenciosos quanto os atuais.
Sheldon: Você não tem como saber disso. Como pode saber disso?

Penny pode acreditar que os novos vizinhos serão perfeitos, mas não tem como saber. De fato, quando finalmente conhecem a nova vizinha, Penny não gosta dela porque é uma egoísta que usa os rapazes como quer... E, além disso, tem o péssimo hábito de ouvir música com o volume muito alto. Ela poderia ter sido uma vizinha genial? Claro que sim. Mas não há nada que possa garantir isso.

A única coisa implícita em uma mudança é que somos forçados a nos adaptar à novidade. E Sheldon quer viver em um mundo consistente, não em um mundo de adaptações. Sheldon não quer se adaptar a menos que seja realmente necessário. Nesse sentido, a relação entre Leonard e Penny, carregada de altos e baixos, é, para Sheldon, como uma terrível moléstia. Assim, ele diz a Penny quando ela rompe com Leonard:

> **“Foi muito trabalhoso acomodá-la na minha vida. Eu odiaria que esse esforço tivesse sido em vão.”**

Mais tarde, ele pede que ela volte para Leonard: "Não gosto quando as coisas mudam. Então, independentemente dos seus sentimentos, gostaria que você continuasse a sair com Leonard. E aproveitando que estamos nesse assunto, notei que você mudou de xampu. Não gosto desse novo perfume. Por favor, pare com essa loucura e volte para maçã verde."

7. BEM-VINDOS À PLANOLÂNDIA

Sheldon costuma sair de vez em quando com seus amigos. Vão jantar, ao cinema, à loja de Stuart, mas sempre são lugares nos quais Sheldon tem algum interesse. Ele jamais iria a um lugar apenas por uma motivação social, onde não tivesse nada a fazer além de estar com outras pessoas. Isso é algo que ele considera uma perda de tempo.

Sheldon: Desculpe, estou atrasado!
Leonard: O que aconteceu?
Sheldon: Nada! Só não queria vir.

Como regra geral, Sheldon prefere passar o tempo sozinho e tranquilo. Não há nada melhor que uma noite dedicada a fazer becape de seu computador, ficar construindo sua Estrela da Morte com Lego (distração à qual dedicou dois anos) ou jogar uma partida em seu velho Nintendo 64. Ele acredita firmemente que a vida social está supervalorizada: entre ficar com indivíduos que passarão horas falando da própria vida ou ver de novo a segunda temporada de *Battlestar Galactica*, ele optará pela segunda possibilidade.

Por isso, Sheldon é partidário dos interiores, enquanto os exteriores lhe causam repulsa. Essa ideia se encaixa perfeitamente em seu ideal de vida baseado na ordem e na ausência de mudanças. No apartamento ele tem tudo o que quer e como quer. Aí Sheldon governa completamente e decide tudo, algo que no exterior (e em ambientes sociais) nem sempre é possível.

Sheldon se sente tão confortável no apartamento que chegou a considerá-lo um país (afinal, tem até uma bandeira própria). E também porque dispõe de todas as comodidades que quer.

> **Raj: O mundo está cheio de pessoas fazendo coisas do lado de fora. Vamos sair. O lado de fora é bom.**
> **Sheldon: Se o lado de fora fosse tão bom, por que a humanidade passaria milhares de anos tentando aperfeiçoar o lado de dentro?**

Em vez de sair, Sheldon propõe a Raj dar um passeio pela Planolândia, o mundo imaginário formado por figuras geométricas criado pelo escritor Edwin Abbott no romance homônimo. Esse universo de quadrados, triângulos e linhas retas é um dos lugares favoritos de Sheldon, talvez porque seja organizado e limpo, tal qual ele queria que fosse o mundo exterior. Quando precisa se desconectar, Sheldon fecha os olhos e viaja mentalmente para Planolândia, uma atividade na qual tenta envolver Raj, sem muito êxito.

E, quando quer mudar de ares, Sheldon visita Sheldonópolis, a cidade que ele mesmo criou no videogame SimCity e da qual é o senhor absoluto. Todos os comércios e ruas da cidade têm seu nome: Praça Sheldon, Torres Sheldon, Estádio Sheldon (onde joga o time Fighting Sheldons), Shel-Mart...

Isso não significa que você precisa construir a própria cidade imaginária, mas sim que deve se perguntar se prefere ficar em casa ou passar o tempo com outras pessoas. Não é ruim reconhecer que às vezes se sente melhor em casa do que em um bar se dedicando à vida social. A solidão é malvista, mas pode ser preferível a ficar jogando conversa fora. Às vezes é muito melhor ficar em seu doce lar vendo episódios de *The Big Bang Theory*.

8. NO CARRO DE PENNY

Grande parte do interesse de Sheldon pelo interior reside no fato de que ele vê o exterior como um lugar que não é seguro. Basta darmos uma olhada ao nosso redor para perceber que a maioria dos indivíduos não pratica nem a norma de segurança mais elementar. Estamos rodeados por uma sociedade que faz o que quer, sem se preocupar com a própria segurança nem com a dos demais, contando apenas com a sorte. Claro que, para uma mente lógica como a de Sheldon, isso de acreditar que "não vai acontecer nada" é absurdo.

Penny comprovou isso no dia em que teve de levá-lo ao trabalho de carro:

SHELDON: A luz do motor está acesa.
PENNY: (indiferente) Humm-humm.
SHELDON: Isso costuma ser um indicador para... verificar o motor.
PENNY: Tudo bem. Está acesa há mais ou menos um mês.
SHELDON: (alarmado) Na verdade isso é mais uma razão para...
PENNY: Sheldon, está tudo bem.
SHELDON: Se estivesse bem, a luz não estaria acesa. Foi por isso que o fabricante instalou essa luz: para que você soubesse que não está bem.

Para Sheldon, é inconcebível desobedecer regras (já vimos em episódios anteriores que ele se sente confortável com a ordem), mas desobedecer regras que têm a ver com a segurança já parece uma loucura. Afinal, se existem os sistemas de segurança é para evitar que situações ruins aconteçam. Se alguém instalou no painel do carro uma luz que acende quando há problemas com o motor, é para que prestemos atenção a isso; caso contrário, o motor pode fundir... E é o que acontece com o carro de Penny alguns meses depois.

SHELDON: Se você se lembra, eu mostrei que a luz de "verificar o motor" estava acesa...
PENNY: A luz de "verificar o motor" está boa. Ainda acende. É o estúpido motor que parou de funcionar.

Para Sheldon, a atitude de Penny é a de alguém que se comporta de forma irracional, e de fato é verdade. Ao longo da amizade entre ambos, Penny constantemente desobedece normas de segurança provocando acidentes (em geral contra si mesma). Há algo mais irracional que cometer atos contra si mesmo? Sheldon a observa sem tentar ficar alterado, mas é difícil fazer isso quando alguém desloca o ombro por não usar tapetes antideslizantes que impeçam uma provável queda (para isso existem esses tapetes!).

Sheldon sempre segue as normas de segurança, mesmo que às vezes isso faça o resto do mundo achar que ele está louco. Por exemplo, quando leva o próprio cinto de segurança no ônibus. Sim, ninguém anda com cinto de segurança no ônibus e ninguém traz um de casa. Mas existe algum motivo para que nos ônibus não haja cinto de segurança como nos carros? Afinal, ambos são veículos em movimento. Por acaso, os ônibus não podem sofrer acidentes? Por acaso os passageiros não estariam mais seguros com um cinto, em caso de acidente? Será que não vimos em numerosas ocasiões passageiros que tropeçam e caem no meio do ônibus? Sheldon apenas utiliza a lógica. É o resto do mundo que age de forma totalmente irracional.

9. GERMES, GERMES, GERMES

Mas, se há algo que faz tocar todos os alarmes de Sheldon, é a possibilidade de entrar em contato com germes. Pode ser que não consigamos vê-los, mas eles estão aí, nos rodeando. E Sheldon, como qualquer cientista, é perfeitamente consciente de sua existência, de modo que segue todas as normas de segurança existentes – ou por existir – para não se contagiar e ficar doente.

Assim, quando Penny volta de viagem e afirma que todo mundo estava gripado, ele a submete a um intenso interrogatório e depois começa a desinfetar o apartamento. Também há um protocolo em que Sheldon obriga todos que estão resfriados a manter distância durante pelo menos 12 horas (o que obriga Raj a se sentar a uma mesa diferente na hora do almoço). E, acima de tudo, detesta que alguém toque sua comida. Esteve a ponto de declarar o apartamento em quarentena quando Penny tocou um de seus anéis de cebola e achou que ia morrer quando, por engano, bebeu do copo de Leonard.

LEONARD: Essa é minha água. Você está bebendo do meu copo.

SHELDON: Meu Deus! Você já bebeu desse copo?

LEONARD: Claro. É minha água.

SHELDON: Bom, então é isso. Estou morto.

LEONARD: Lá vamos nós...

SHELDON: Leonard, eu preciso mesmo ligar os pontos para você? A água nesse copo está cheia de todo e qualquer patógeno que chama sua boca de lar, doce lar. Sem mencionar os visitantes que chegam através da língua dançarina de sua namorada subtropical.

RAJ: Ei, é a minha irmã!

PENNY: Vocês estão prontos para pedir?

SHELDON: Sim, gostaria de uma provisão de penicilina para sete dias, um pouco de... hã, xarope de ipeca para induzir vômito e balas de menta.

PENNY: Não entendi.

HOWARD: Ele bebeu do copo de Leonard.

SHELDON: "Ele bebeu do copo de Leonard": as palavras que estarão escritas no meu túmulo.

Sheldon deve manter as possíveis fontes de germe fora de sua zona de conforto – isso é, seu apartamento e arredores. Os arredores também incluem o apartamento de Penny, que tem uma visão muito diferente do mundo dos germes. Ela basicamente vive entre eles. É capaz de pegar um sofá da rua e trazê-lo para casa. Algo impensável para Sheldon, que insistiu que Penny o devolvesse para a rua, sem que ela o escutasse. Claro que Sheldon tinha razão, pois no interior do sofá vivia um rato enorme.

Todavia, Sheldon não tenta ficar a salvo só dos germes. Também preparou um sistema de emergência para o caso de uma epidemia (por causa de uma doença, uma invasão de zumbis, a chegada de Godzilla ou qualquer outro motivo). Esse sistema de emergência inclui um equipamento de primeiros socorros e de sobrevivência baseado no de Sarah Connor, uma memória *flash* com a segunda temporada de *Jornada nas Estrelas* e algumas flechas sinalizadoras pintadas no chão do apartamento indicando onde está a saída mais próxima. Parece loucura, mas a realidade é que se algum dia ocorrer uma dessas situações, ele estará preparado, e os outros, não. Veremos quem ri por último quando o Exterminador aparecer na porta do apartamento disposto a matá-los para ganhar uma guerra do futuro.

10. CYLONS NAS TORRADAS

Sheldon admira abertamente os robôs, como os cylons de *Battlestar Galactica*, que imprime torradas uma atrás da outra "até que haja suficientes para destruir as torradas humanas". Os robôs representam a lógica de Sheldon levada à perfeição, pois são mais evoluídos que os seres humanos, que, em comparação, são emocionais, débeis e imperfeitos. "Robôs pessoais não vão chegar rápido o suficiente", ele diz a Leonard depois de pedir para Penny executar algumas ordens que dá por telefone e ela não entende o que ele diz. Entre as muitas camisetas de Sheldon, há uma com um desenho da evolução do ser humano, começando com a pré-história e o robô sendo o último estágio.

Seus amigos encontram semelhanças entre Sheldon e C-3PO, de *Guerras nas Estrelas*, uma comparação pela qual Sheldon confessa se sentir honrado, embora não consiga ver a similitude. Na verdade, Howard e Raj especulam se o próprio Sheldon poderia ser um robô. Uma possibilidade que não descartam:

HOWARD: Sheldon, se você fosse um robô e eu soubesse disso, mas você não... você gostaria que eu te contasse?

SHELDON: Isso depende. Quando eu descobrisse que era um robô... seria capaz de aceitar?

Howard: Talvez. Apesar de que a história da ficção científica não está do seu lado.

Converter-se em robô não é só uma possibilidade que Sheldon vê com bons olhos, mas que chegou a realizar. Com a intenção de reforçar a própria segurança (que, como vimos anteriormente, é um ponto-chave da teoria sheldoniana), ele construiu um robô de si mesmo para interagir com os demais e sair à rua, enquanto o controlava tranquilamente da comodidade de seu quarto.

> **“Sou um aparelho de presença virtual móvel. Eventos recentes demonstraram que meu corpo é muito frágil para aguentar as vicissitudes do mundo. Até o momento em que poderei transferir minha consciência, permanecerei em um local seguro e vou interagir com o mundo dessa maneira.”**

No entanto, Sheldon logo descobrirá que não existe um local seguro. Um dos momentos mais difíceis para ele ocorreu quando ladrões entraram em seu apartamento e roubaram parte de suas coisas. Depois de testar vários sistemas de segurança, decidiu se mudar.

Penny: Ora, Sheldon, você não pode se mudar. Não precisa ficar no mesmo lugar para que a nave-mãe o encontre quando voltar?
Sheldon: Oh, se isso fosse verdade... Infelizmente, como estarei preso à Terra pelo futuro próximo, precisarei encontrar um local que seja mais hospitaleiro que as terríveis ruas de Pasadena.

Sheldon escolheu sua nova residência guiando-se pelas estatísticas de criminalidade. Segundo os dados, tinha de se mudar para Bozeman, Montana. E faz isso sem hesitar. Lamentavelmente, ao chegar à estação, sua mala é roubada. Porque, inclusive no lugar mais tranquilo do mundo, há delinquentes. Embora Sheldon tente reduzir ao mínimo as possibilidades de risco, isso não significa que não exista risco nenhum. Não resta opção a não ser continuar esperando que os cylons invadam o mundo e deem uma boa lição em alguns humanos.

PARTE II

ESSE É O MEU LUGAR

Sheldon e os demais

1. UM LUGAR NO SOFÁ

Uma das frases que Sheldon repete com mais frequência é "Você está no meu lugar". Em geral, ele fala apontando para a pessoa que se atreveu a ocupar seu lugar no sofá. Se ela não sai, ele voltará a constatar o fato: "Esse é o meu lugar. Você não pode se sentar no meu lugar." E inclusive pode acrescentar: "Sente no próprio lugar." Embora talvez Sheldon exagere um pouco na sua intolerância contra aqueles que ocupam seu espaço no sofá (Penny, Bernadette e Kripke são três dos personagens que recebem sua chicotada por causa disso), o fato é que manter um lugar fixo consiste com sua visão de mundo.

Já falamos antes que Sheldon gosta de ter hábitos e ordem, porque criam uma sensação de consistência semelhante à lógica de sua mente e oposta ao caos, algo que ele quer evitar a todo custo. A escolha de um lugar fixo em seu apartamento cumpre todas essas virtudes: Sheldon não precisa pensar em onde se sentar porque já escolheu o local e, como se senta no mesmo lugar, cria um ponto central em sua vida que é consistente:

> **"É o local singular no espaço ao redor do qual gira todo o meu universo (...) Em um mundo em constante mudança, esse é um ponto único de consistência. Se minha vida fosse expressa como uma função de um sistema coordenado cartesiano de quatro dimensões, aquele lugar, no momento em que me sentei ali pela primeira vez, seria (0, 0, 0, 0)."**

A escolha do lugar também responde a uma ordem concreta em relação ao resto do apartamento. Um lugar escolhido por três fatores-chave:

> **No inverno, aquele lugar está perto o suficiente do radiador para ficar quente e, ao mesmo tempo, não tão perto para produzir transpiração.**
>
> **No verão, está diretamente no caminho de uma brisa criada pela abertura das janelas ali e ali.**
>
> **Está de frente para a televisão num ângulo que não é nem direto, desencorajando assim a conversa, nem muito amplo para criar uma distorção paraláxica.**

Cabe destacar que o lugar escolhido não tem nada a ver com o sofá em si. Na verdade, antes de Leonard comprar o sofá, Sheldon se sentava no mesmo ponto, mas em uma cadeira. E, no piloto não transmitido da série, o lugar estava situado em uma cafeteria.

Na verdade, o lugar no sofá é uma metáfora do lugar que Sheldon ocupa no contexto da sociedade. Quando ele deixa de ficar sozinho e passa a fazer parte de um grupo, precisa ter o próprio espaço, sua parcela individual na qual se sente confortável. Assim, vimos como ele procura "seu lugar" no apartamento de Penny, no de Raj e na Cheesecake Factory, em uma sala de cinema e até mesmo na prisão. Inclusive briga para ter sua vaga fixa de estacionamento apesar de não possuir carro, nem carteira de motorista.

Desse modo, Sheldon anuncia sua intenção de manter a própria idiossincrasia à margem do mundo (as próprias regras, sua ordem, sua forma de ser e seus gostos). Quando Leonard pergunta sobre o tema, ele responde *cathedra mea, regulae mea* (em latim, minha cadeira, minhas regras). Ele cedeu seu assento em uma única ocasião: para pedir desculpas a Howard. Mas recuperou o lugar assim que teve oportunidade.

2. DECIFRANDO O MUNDO EXTERIOR

É fato que Sheldon gostaria de estar sempre sentado em seu lugar no sofá (quer dizer, no próprio mundo), mas, como vive em sociedade, em algumas ocasiões, é obrigado a ter contato com o mundo exterior. Quer dizer: as outras pessoas. Claro que se trata de algo desnecessário que ele evita sempre que pode. Por isso se surpreende quando Leonard tenta iniciar voluntariamente conversas com os demais, como com a nova vizinha.

Leonard: Vou convidá-la para jantar. Vamos comer algo gostoso e... conversar.

Sheldon: Conversar? Nós não conversamos. Pelo menos, não *off-line*.

Leonard: Não é difícil. Você só precisa ouvir o que ela fala e depois dizer algo apropriado como resposta.

Sheldon: E para quê?

O problema para Sheldon não é pensar em algo apropriado para dizer (isso também), ou não ver o objetivo de trocar frases com uma pessoa desconhecida (sim, isso também), mas sim ficar bloqueado pelo insistente uso, por parte de seus interlocutores, de frases irônicas ou com duplo sentido. Para alguém como ele, que concebe o diálogo como uma troca de informações para chegar a uma conclusão, o fato de existirem partes da tese que querem dizer o contrário do que implicam termina sendo algo cansativo, inútil e entediante. Por que alguém deveria obrigá-lo a perder tempo assim? Frequentemente, Sheldon é incapaz de interpretar seu interlocutor, sobretudo se esse usa sarcasmo.

Leonard: Tenho de levantar uma placa de sarcasmo sempre que abro a minha boca?

Sheldon: (intrigado) Você tem uma placa de sarcasmo?

Por isso, é frequente que interprete de forma literal o que está sendo dito:

Sheldon: Você prefere esperar em nosso apartamento?

Penny: Não, Sheldon, eu prefiro ficar sentada no chão frio chorando como uma criança de 3 anos.

Sheldon: Então, tudo bem.

O mesmo acontece com o contexto emocional das conversas. Para uma mente tão racional e analítica como a dele, alérgica a sentimentos, interpretar o estado de ânimo dos demais é algo bastante complicado.

SHELDON: Você está bravo com algo?

LEONARD: Como você percebeu?

SHELDON: Bom, foram várias coisas. Primeiro, você chegou tarde. E seu comportamento parece exibir pouca energia; além da sua irritabilidade.

LEONARD: Sim, estou bravo!

SHELDON: Geralmente não consigo adivinhar essas coisas. Ponto para mim.

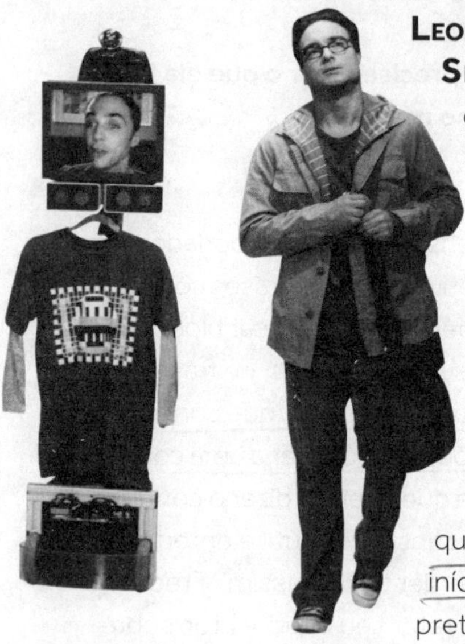

Se Sheldon pudesse, obrigaria todo mundo a se expressar de forma literal e concisa, melhorando a eficiência de muitas conversas. E ele tem razão. Quantas discussões começaram porque alguém não expressou com clareza o que queria dizer? Quantas brigas tiveram início com uma ironia que não foi interpretada corretamente?

3. QUER UMA XÍCARA DE CHÁ?

Leonard entra no apartamento, de novo desanimado. De início, Sheldon demora a interpretar o estado de ânimo de seu amigo, mas, quando entende a situação, não hesita: dirige-se à cozinha e prepara uma xícara de chá. Depois, leva-a para Leonard, jogado no sofá, e a entrega a ele.

LEONARD: O que é isso?

SHELDON: Chá. Quando as pessoas estão chateadas, a convenção cultural reza que se deve servir uma bebida quente. Pronto, pronto. Você quer conversar sobre isso?

LEONARD: Não.

SHELDON: Ótimo.

Diante do caos que parece governar as relações humanas, Sheldon opta por se amparar nas únicas normas sobre o tema: as convenções sociais. A convenção é um espaço no qual Sheldon se sente à vontade, porque são regras que colocam ordem no desconcerto que rege as relações humanas. Desse modo, ele sabe qual é a maneira correta de reagir.

Para começar a falar com alguém, ele usa alguns dos temas habituais para criar diálogos ("Então, você acha o clima satisfatório? Está atualmente comemorando o triunfo de algum time local?", diz a Penny quando cruza com ela na escada). Também faz todo tipo de preparativos para acolher Elizabeth Plimpton em seu apartamento como manda a convenção. Por isso, compra tudo o que acredita que ela poderia necessitar. Isso é: velas aromáticas, absorventes e iogurtes digestivos.

Sheldon será sempre fiel à convenção social, porque isso permite que ele estabeleça algumas regras em suas relações com os demais, embora o obrigue a fazer coisas que nunca faria.

Sheldon: Você espera mesmo que eu acredite que o protocolo social exije que quebremos as costas ajudando Wolowitz a se mudar, e depois ele só precisará nos comprar uma pizza?

Leonard: Sim, é exatamente assim que funciona.

Sheldon: Você está me enganando. Diga a verdade, o que ganhamos?

Raj: Você pode escolher entre uma mountain bike ou um PS3.

Sheldon: Eu sabia! PS3, claro que é um PS3, quem escolheria uma mountain bike?

De novo, Sheldon demonstra que seu comportamento é mais lógico que o da maioria, que passa por cima das normas sociais que foram estabelecidas para facilitar a convivência. Apesar disso, Sheldon é enganado por seus amigos, que o manipulam para que faça coisas acreditando que são parte de uma convenção:

Howard: (para Penny) Tente dizer que é uma convenção social não opcional.

Penny: O quê?

Howard: Faça isso, não questione!

PENNY: (para Sheldon) É uma convenção social não opcional.
SHELDON: Oh! Então tudo bem.
(Penny ficar surpresa)
HOWARD: Ele veio com manual.

4. O DNA DO SR. SPOCK

Só há uma convenção que Sheldon Cooper não pode evitar e, muito a contragosto, precisa encarar várias vezes por ano. Sim, estamos falando de dar presentes: esse hábito absurdo que consiste em entregar a uma pessoa um objeto comprado em uma loja com o objetivo de que essa pessoa retribua o gesto com um presente de valor similar. É uma troca de objetos, uma simples transação econômica. Qual é o sentido disso? Ele expõe a Penny seu ponto de vista:

> **"Esse costume de dar presentes não faz o menor sentido. Digamos que eu saia e gaste 50 dólares com você. É uma atividade trabalhosa, porque preciso imaginar do que você necessita, enquanto você sabe do que necessita. Então, eu poderia simplificar as coisas: daria 50 dólares diretamente para você, e então você poderia me dar 50 dólares no meu aniversário, continuando assim até que um dos dois morresse, deixando o outro velho e 50 dólares mais rico. E eu pergunto: vale a pena?"**

Por isso Sheldon rechaça a premissa que leva as pessoas a trocar presentes.

PENNY: Sheldon, amigos trocam presentes.
SHELDON: Eu aceito sua premissa; rejeito sua conclusão.

No entanto, Sheldon não tem saída e aceita a convenção social. Cada vez que recebe um presente se esforça para procurar algo parecido, embora para isso tenha de percorrer centros comerciais abarrotados de gente (que seria o mais próximo ao inferno para Sheldon). Por isso ele tenta se adiantar e convencer os outros a não lhe dar nenhum presente.

"Por que você faria algo assim? Eu sei que acha que está sendo generosa, mas a base da distribuição de presentes é a reciprocidade. Você não me deu um presente, me deu uma obrigação. A essência do costume é que eu agora preciso sair e comprar um presente para você de valor equivalente e representando o mesmo nível percebido de amizade que representou o presente que você me deu. Ah, não é por acaso que as taxas de suicídio aumentam muito nessa época do ano. E eu sou culpado por isso, por ser uma parte tão importante da sua vida."

O pior que pode acontecer a Sheldon é alguém lhe dar um presente que não pode ter uma equivalência. Penny destruiu todos os seus esquemas no dia em que o presenteou com um guardanapo assinado por Leonard Nimoy, o ator que interpreta Spock em *Jornada nas Estrelas* e por quem Sheldon sente grande admiração. Sheldon logo percebeu que não se tratava apenas da assinatura de Leonard Nimoy – o ator havia usado o guardanapo durante o almoço e, assim, impregnado-o com seu DNA. "Tenho o DNA de Leonard Nimoy?! Você entende o que isso significa?! Tudo o que eu preciso é um óvulo saudável e posso criar o meu próprio Leonard Nimoy!"

Provavelmente esse foi o melhor presente que já deram a Sheldon (embora isso não seja muito difícil, levando em conta que seus pais davam coisas que não o interessavam: como uma *mountain bike* em vez do centrifugador de titânio que ele queria). No entanto, o presente de Penny, como todos os outros, incluía a carga de ser obrigado a retribuí-lo de alguma maneira. Desde então, Sheldon procura desesperadamente um presente que esteja à altura do de Penny. Claro que isso não é possível. Como superar o DNA de Leonard Nimoy? Por isso, apesar de não querer, ele se vê numa dívida eterna com ela.

5. ENTRE BATMAN E ALFRED

Aparentemente, é Bruce Wayne, o milionário e filantropo, amigo das causas justas. Mas sua verdadeira identidade é Batman, o super-herói que protege Gotham City dos criminosos. Na gênese de Batman, como na de muitos super-heróis que têm dupla identidade, encontra-se uma mentira. Eles devem ocultar quem são para proteger aqueles que estão perto e defender a justiça sem colocar em risco a vida de outros, e para isso assumem uma identidade civil que se baseia na mentira.

E a mentira é algo inconcebível para Sheldon. Por mais que ele goste dos gibis de super-heróis, e que brinque com o fato de que talvez pudesse ser Batman, isso é algo que nunca acontecerá. Simplesmente porque ele é incapaz de guardar um segredo durante muito tempo ou manter uma mentira de forma convincente. Sheldon se sente muito desconfortável com a mentira porque não entende a necessidade social de mentir aos demais. No entanto, Leonard precisa, com frequência, que Sheldon minta para manter um segredo.

SHELDON: Você sabe que não consigo manter um segredo.

LEONARD: Pode, se tentar. Pense dessa forma: se eu fosse Batman e você fosse Alfred, manteria esse segredo, certo?

SHELDON: Por que você seria Batman?

LEONARD: Porque é Batman quem tem o segredo.

SHELDON: Alfred também tem segredos.

LEONARD: Quais?

SHELDON: Alfred sabe que Barbara Gordon é Batgirl. Algo que acabei de contar para o Batman. Viu? Não consigo manter um segredo.

Apesar de sua alergia aos segredos, Leonard e Penny insistem em contar coisas que Sheldon não pode espalhar e também sobre as quais deve mentir aos demais. Quando não é Leonard que pede que ele minta e invente uma desculpa para Penny (como a que vão a um simpósio científico, quando na realidade Leonard não quer ir ao musical em que Penny cantará), é Penny que solicita a colaboração de Sheldon (como quando pede que não conte a Leonard que nunca terminou a faculdade). Por isso, Sheldon se negará sempre que possível a participar de toda e qualquer mentira, como nesse momento em que diz o seguinte a Penny, que poderia jurar que ele a ajudaria:

> **Você está pedindo que eu guarde um segredo? Bom, desculpe, mas você deveria ter expressado esse desejo antes de revelar o segredo, assim eu poderia ter escolhido se queria aceitar o acordo de guardar o segredo. Você não pode impor um segredo com base em um *ex post facto*.**

Sheldon não entende qual a necessidade de criar uma mentira. Em troca, e embora pareça um paradoxo, mentir é um ato intrínseco na vida social. Não podemos manter nossas relações pessoais sem trair a verdade de vez em quando. Procuramos desculpas, não falamos exatamente o que pensamos, contamos meias verdades, dizemos o que os outros querem ouvir e poderíamos seguir com uma longa lista. Essas artimanhas artificiais escapam completamente da lógica de Sheldon, que, por fazer o correto, fica preso em situações nas quais não deseja estar. Inclusive chegou a perder um trabalho em instalações governamentais por sua incapacidade de mentir.

6. GIRANDO O CUBO DE RUBIK

A essa altura, você já terá chegado à conclusão de que o mundo social é para Sheldon algo parecido a um quebra-cabeça, com a diferença de que, enquanto ele normalmente é capaz de resolver qualquer quebra-cabeça tradicional (e adora isso), no caso das relações com os demais em geral as peças não se encaixam. É como um Cubo de Rubik no qual, independentemente das combinações, sempre se ficaria com um dos lados sem completar. Quando não é o sarcasmo, é a mentira e, quando não é a mentira, são os jogos de palavras ou as emoções que seus interlocutores dão como evidentes.

É por isso que o Sheldon da vida social se encontra frequentemente cometendo erros, equivocando-se de forma vergonhosa. Algo que não acontece com o Sheldon científico, que pode resolver qualquer fórmula e equação com sucesso. Mas a física e as matemáticas são regidas por regras que podem ser compreendidas, memorizadas e colocadas em prática. Como um Cubo de Rubik normal, podem ser completadas aplicando-se as ferramentas que se tem em mãos. Por outro lado, as normas da vida social nem sempre são o que aparentam. É muito frequente dizermos que é necessário fazer determinada coisa, mas na verdade não a fazemos, ou até fazemos o contrário. Essa flexibilidade das normais sociais (às quais é preciso acrescentar seu caráter às vezes absurdo) faz com que Sheldon tenha um Cubo de Rubik que claramente considera defeituoso e que costuma levá-lo ao erro.

Por isso culturalmente consideramos a sinceridade um valor positivo, que socialmente é admirado. Quando falamos que alguém é sincero, estamos elogiando. A sinceridade é uma virtude. Por outro lado, quando alguém é mesmo sincero, como é o caso de Sheldon (que de fato aplica a regra), nós o condenamos dizendo que é mal-educado.

Howard: Bernadette disse que vocês estão cansados de me ouvirem falar da minha viagem ao espaço. Isso é verdade?

Raj: Não.

Sheldon: Sim.

(...)

Sheldon: Parece que temos posturas diferentes aqui. Eu escolhi a honestidade útil. Não tenho a mínima ideia do que você está fazendo.

Raj: Chama-se ser educado.

Culturalmente, também se considera o sexo algo saudável, e as pessoas costumam dizer que não há nada de mal em falar sobre isso. Quem acha que sexo tem algum lado ruim ou é tabu, é chamado de excessivamente recatado, moralista ou gente de mente estreita. Sheldon adota essa norma e de novo acaba sendo um erro, porque frequentemente os demais o repreendem quando fala sobre sexo, porque eles consideram que vai além dos limites. Especialmente Penny, que não suporta quando Sheldon discorre com toda a naturalidade sobre as relações que ela mantém com Leonard (ainda que utilize palavras totalmente científicas como intercurso ou coito). Se, além disso, a conversa inclui um segredo que ninguém disse que era segredo, mas todos assumiram como sendo (ver capítulo anterior), então a coisa piora. É o caso da vez em que Priya conheceu Penny:

> **Priya, se estiver experimentando alguma tensão ou incômodo, pode ser porque Leonard e Penny costumavam, se eu posso citar Howard, 'fazer a dança sem calças'.**

7. CONVERSAS COM CHEWBACCA

C-3PO e Chewbacca conversam no Millenium Falcon. O primeiro indica um dado sobre o asteroide no qual se encontram. O segundo olha para ele e diz: "Grooarr!" É assim, mais ou menos, como Sheldon percebe seus diálogos com os demais. Enquanto ele oferece temas de conversas interessantes, os outros insistem em falar sobre assuntos insubstanciais, como as próprias vidas e seus problemas de relações amorosas.

Como homem de ciência, o único interesse de Sheldon são temas intelectuais, nos quais encontra estímulo. Por esse motivo, é comum que ele se sinta como Jane Goodall observando seus chimpanzés, especialmente quando se encontra em uma festa ("Inicialmente vi suas interações como confusas e desestruturadas", Sheldon explica a Leonard ao estudar os amigos de Penny. "Mas os padrões vão surgindo. Eles têm uma linguagem própria, se quiser ver assim.").

Sabendo que as pessoas conversam sobre temas insubstanciais, Sheldon evita dialogar com indivíduos com os quais não tem nenhuma área de interesse comum.

> **SHELDON: Olá, Penny! Leonard acabou de sair.**
> **PENNY: Eu sei. Quero falar com você.**
> **SHELDON: Sobre o que quer falar? Não temos nenhuma área de interesse comum, até onde sei. E você sabe que não gosto de jogar conversa fora.**
> **PENNY: Você pode me deixar entrar?**

Sheldon: Bom, certo, mas não vejo nenhum futuro promissor nisso.

E acontece que há silêncios menos incômodos que algumas conversas. "Penny, só para evitar situações mais embaraçosas, saiba que fico perfeitamente confortável subindo a escada em silêncio com você." Em geral, as conversas com os demais são chatas. Assim, pode ser que Sheldon aprecie Leonard como adversário para discutir sobre quadrinhos ou mecânica quântica, mas se entedia quando ele fala de seus problemas com Penny.

Leonard: Acho que não posso sair com ela essa noite.
Sheldon: Então, não saia.
Leonard: Outras pessoas perguntariam "por que não?".
Sheldon: Outras pessoas poderiam estar interessadas.

Ao contrário da maioria, que finge interesse, Sheldon não hesita em expor sua indiferença ao que parecem ser questões sem relevância para ele. Talvez para os demais seu comportamento seja mal-educado. Mas devemos nos perguntar por um momento quanto tempo perdemos escutando alguém se lamentando por seus problemas amorosos. Muitas pessoas passam o dia olhando para seu umbigo e pretendem que os demais façam o mesmo, contando seus dilemas e dando voltas no mesmo lugar várias vezes. Talvez Sheldon tenha razão. Talvez nós damos demasiada importância a cada minúcia do que acontece conosco.

Sheldon insiste em propor temas de conversa interessantes sempre que pode. Lamentavelmente costuma encontrar como resposta os grunhidos de Chewbacca:

> **"Sabe, tento com afinco fazer das nossas horas de almoço algo educativo e informativo, mas a insistência em falarem das próprias vidas me bloqueia o tempo todo."**

8. A EXPERIÊNCIA MARIO BROS

Sheldon adora jogar Mario Bros, especialmente desde que sua mãe mandou uma caixa com seus antigos videogames (que incluía o Nintendo 64). Uma das coisas de que Sheldon mais gosta no Mario é que pode controlá-lo como quiser. Se quer que pule, ele pula. Se quer que corra, ele corre. Se quer que pare, ele para. Enquanto digita na frente da tela do videogame, Sheldon não pode deixar de pensar que tudo seria mais fácil se as pessoas tivessem um comando para serem controladas. "Oh, Mario... Como eu gostaria de poder controlar todo o mundo da forma como controlo você", suspira enquanto joga. "Pule, pequeno encanador! Pule, pule, pule!"

É um pensamento completamente lógico. Perante a desordem e a falta de normas que regem a conduta humana, uma mente organizada como a de Sheldon gostaria de segurar as rédeas e começar a dar ordens como um tirano, em vez de tentar se adaptar à imperfeição que o rodeia. Assim, ele costuma ter delírios de grandeza nos quais se imagina como o prefeito da própria cidade (Sheldonópolis) ou com suficiente poder para ter o mundo a seus pés: "Pode acreditar, se eu tivesse um raio da morte, não estaria vivendo aqui. Estaria no meu covil desfrutando do dinheiro que as pessoas da Terra teriam me dado para não usar meu raio da morte".

Lamentavelmente, isso não é possível, embora à sua maneira ele tenha chegado a controlar em parte algumas pessoas. Pelo menos as que estão ao seu redor. Dessa forma, Leonard conhece de cor cada uma das regras de Sheldon, e em geral as aceita de forma obediente (sabe que se não fizer isso terá de suportar as queixas de seu companheiro, uma perspectiva suficientemente estimulante para que Leonard faça as coisas como Sheldon quer). Com isso, consegue passar pelo interrogatório de Sheldon sobre a comida que traz do restaurante chinês:

SHELDON: Você pediu que o frango com brócolis fosse cortado, não desfiado?

LEONARD: Sim.

SHELDON: Apesar de que a descrição do menu especifica desfiado?

LEONARD: Sim.

SHELDON: Arroz integral, não branco?

LEONARD: Sim.

SHELDON: Parou no mercado coreano e comprou a mostarda picante?

LEONARD: Sim.

Sheldon: Comprou o molho de soja com baixo teor de sódio no mercado?

Leonard: Sim.

Sheldon: Por que demorou tanto?

Até Penny chega a memorizar essa lista de pedidos (e as realiza com sucesso). No entanto, não é fácil aprender todas as regras, e Penny costuma deixar Sheldon nervoso com muitos de seus hábitos. Por isso, Sheldon decide ir um passo adiante e tentar educá-la oferecendo balas de chocolate quando ela faz algo corretamente.

Leonard: Certo, eu sei o que você está fazendo.

Sheldon: É mesmo?

Leonard: Sim, está usando chocolates como reforço positivo para o que considera um comportamento correto.

Sheldon: Muito bem. Um chocolate?

Leonard: Não quero nenhum chocolate! Você não pode treinar minha namorada como um rato de laboratório!

Sheldon: Na verdade, posso sim.

Ele seguiu as teorias do psicólogo norte-americano Burrhus Frederic Skinner, que realizou uma experiência similar com pombas. Penny, como as aves, muda seus hábitos ante a possibilidade de obter um chocolate. E, sim, é um truque maquiavélico e cruel. Mas mesmo Leonard acaba reconhecendo que poderia viver melhor sem alguns dos costumes de Penny. E quem não mudaria algum detalhe de seu(sua) namorado(a) se pudesse?

9. NA LOJA DA APPLE

Leonard, Howard e Raj passam mais tempo do que se pode aceitar na Apple Store de Pasadena. Isso é o que deve pensar Sheldon, que não entende por que demoram tanto para comprar o que precisam. O que Sheldon não sabe é que Leonard, Howard e Raj vão à loja da Apple porque está cheio de garotas. Ao contrário da loja de gibis de Stuart, onde todos param com a entrada de um indivíduo do sexo feminino, na Apple Store a presença de garotas é habitual, o que converte o lugar em um autêntico paraíso.

É a oportunidade perfeita para Leonard, Howard e Raj conhecerem garotas. Utilizando seus conhecimentos em tecnologia, eles podem se oferecer para ajudar as mais atraentes. Para fazer isso, frequentemente se passam por atendentes da loja. Os especialistas em tecnologia das Apple Store costumam ser objeto de zombaria entre Leonard e seus amigos porque estão longe de seu nível de conhecimento informático. No entanto, eles se dão bem quando fingem ser um deles e fazem isso sempre, embora tenham sido pegos em mais de uma ocasião.

Sheldon também já fingiu ser um atendente de uma loja, mas por motivos muito diferentes. É que, apesar de tentar se adaptar à desordem que impera na sociedade, há ocasiões em que ele precisa tentar colocar um pouco de lógica e senso comum. Isso é o que acontece quando vai a uma loja de tecnologia comprar um presente para Leonard. Logo Sheldon descobre que não há ninguém atendendo os clientes, e estes não têm nem ideia do que estão comprando. Diante do horror de contemplar como alguém escolhe o HD externo equivocado, Sheldon se oferece para dar uma mão. Logo é rodeado por vários indivíduos que necessitam de ajuda com suas compras:

> “**Esse pobre homem precisa de mim. Você, espere um pouco. Já o atendo. Que computador você tem? E, por favor, não diga ‘um branco’.**”

Finalmente, o empregado da loja precisa intervir para que tudo volte ao normal e Sheldon pare de atender os clientes. No entanto, é preciso destacar que Sheldon estava fazendo o que o empregado da loja deveria ter feito.

Empregado: Desculpe-me, mas o senhor não trabalha aqui.
Sheldon: É, bem... pelo visto mais ninguém trabalha.

Apesar de tentar se adaptar à sociedade, há momentos em que Sheldon não fica indiferente quando as coisas dão errado, o que acontece com frequência. Ele já repreendeu Penny pela falta de amabilidade em seu trabalho como garçonete, discutiu com uma enfermeira que não aceitava argumentos, questionou uma funcionária mal-educada quanto à precisão das perguntas do teste para tirar a carteira de motorista e até argumentou com um juiz quando esse ignorou o discurso que havia preparado para se defender.

Em todas essas circunstâncias, Sheldon só tentava agir corretamente. No entanto, é comum, em nosso dia a dia, nos encontrarmos com trabalhadores que nos ignoram, funcionários inoperantes e especialistas que evitam fazer seu trabalho. Quando Sheldon decide fazer ele mesmo as tarefas dos demais, é porque deseja que as coisas saiam bem; isso é importante para ele. Algo que, lamentavelmente, não pode ser dito de muita gente.

10. NÃO TÃO FIEL A *FIREFLY*

Sheldon é fã até a morte de Firefly. Gosta tanto que colocou Rupert Murdoch – o antigo presidente do canal FOX e responsável pelo cancelamento dessa série após sua primeira temporada – no alto de seu ranking pessoal de grandes traidores. Mas, na vida real, Sheldon não é tão fiel a Firefly como poderia parecer. Isso porque os protagonistas da série são foragidos, um grupo de caça-recompensas que vive à margem da lei, realizando o transporte de mercadorias irregulares e outras tarefas, sempre se esquivando do olhar do governo da Aliança. No entanto, Sheldon acredita firmemente no cumprimento da lei.

O que é extremamente lógico, levando em conta tudo o que explicamos até agora. Sozinho, Sheldon gosta que seu mundo seja regido por normas (as que ele mesmo impõe); em sociedade também gosta de viver de acordo com as normas da comunidade, e por isso nunca as transgride. Veremos como ele duvida inclusive de detalhes, como romper a garantia do HD no qual grava os episódios de *Battlestar Galactica*. Raj diz que ele tem duas opções: apagar o conteúdo ou abrir o aparelho e mudar o HD por um de maior capacidade, extremo ao qual Sheldon não quer chegar. "Mas, quando você abre a caixa, perde a garantia. A garantia é um acordo sagrado que assumimos com o fabricante. Ele se oferece para garantir seu equipamento e em troca nós concordamos em não violar a integridade do hardware. Esse pequeno adesivo laranja é o que nos separa da anarquia", explica para Raj, que olha para ele com uma expressão perplexa.

Do mesmo modo, quando entrega a Penny um pacote que ela recebeu por correio, ele a obrigará a assinar um papel como fez quando recebeu a entrega.

SHELDON: Quando assinei para receber o pacote, fui nomeado representante pela United Parcel Service para fazer a entrega final. Agora preciso que você assine como recipiente final do pacote, para que assim eu não seja mais responsável.

PENNY: Sheldon, é só uma caixa de strass.

SHELDON: Bem, o conteúdo é irrelevante. Uma fiança legal foi criada. Isso não significa nada para você?

Claro que Penny e Sheldon têm ideias muito diferentes a respeito da legalidade. Quando o proprietário do edifício vai atrás de Penny porque ela não pagou o aluguel, ela se esconde na casa de Sheldon, decisão que o deixará incomodado. "Não me sinto confortável abrigando uma fugitiva da 2311 North Los Robles Corporation", diz assim que ela entra em seu apartamento. "Não é nada de mais", Penny responde fechando a porta.

Sheldon sempre se surpreende quando alguém desobedece a lei. Quando o carro de Leonard é roubado no deserto, Sheldon exclama para os ladrões: "Voltem aqui! Parem! Roubar é contra a lei!". Do mesmo modo, Sheldon demonstra uma fé inquebrantável no sistema – quer dizer, que as leis não podem ser rompidas e que, se alguém faz isso, o sistema o castigará por essa atitude. Dessa forma, quando seu apartamento é roubado, ele fica aborrecido ao se dar conta de que a polícia não pretende fazer nada a respeito... Até agora, Sheldon só desobedeceu a lei em uma ocasião: quando decidiu roubar a fita do filme *Indiana Jones e os caçadores da Arca Perdida* para infernizar Kripke. Da forma como funciona a sociedade em que vivemos, talvez ele devesse desobedecer com mais frequência.

PARTE III

ESTÁ NO ACORDO DE CONVIVÊNCIA

Sheldon e a amizade

1. 212 AMIGOS NO MYSPACE

A amizade é algo completamente supervalorizado. Ficar com um grupo de pessoas, sair para tomar algo, escutar piadas às vezes, aguentar lamentos na maioria das ocasiões... É uma perda de tempo. Claro, o ser humano tem, por natureza, a necessidade de manter contato com outros seres humanos, e isso Sheldon sabe muito bem. Somos animais sociais. Mas isso não significa que devemos compartilhar intermináveis cafés com outras pessoas, nem assistir a esses patéticos rituais para fazer amigos chamados festas.

Não, não e não. A amizade pode ser algo muito mais eficiente se eliminarmos todas as partes que são completamente desnecessárias – ou seja, todas as que incluam contato físico – e se deixamos só aquilo que faz da amizade algo desfrutável: o encontro de intelectos. Por isso, Sheldon procura só ter amigos do seu nível intelectual, com os quais compartilha discussões e argumentos através dos fóruns *on-line* – sejam sobre ciência, sejam sobre quadrinhos (como um dedicado aos X-Men, que sabemos que ele visita de forma regular). Mesmo quando criança Sheldon, não tinha interesse em estabelecer amizades tradicionais.

MISSY: Mesmo quando era criança, ele mandava seus amigos imaginários para casa no final do dia.

SHELDON: Não eram amigos. Eram colegas de trabalho imaginários.

Nesse sentido, Sheldon tem nas redes sociais um grande apoio para seu estilo de vida. Felizmente, mais e mais pessoas vêm entendendo que uma conversa *on-line* contém tudo o que é preciso para se manter uma amizade com alguém.

LEONARD: Precisamos ampliar nosso círculo de amizades.
SHELDON: Meu círculo é bastante amplo. Tenho 212 amigos no MySpace.
LEONARD: Sim, e nunca se encontrou com nenhum deles.
SHELDON: Aí está a beleza da coisa.

Os amigos que Sheldon tem na vida real são uma exceção à regra que resultou da circunstância. De certo modo, eles podem ser considerados uma ruptura em sua vida, que é de natureza solitária. Afinal, Sheldon vive com Leonard porque precisa de alguém para dividir o aluguel. E, antes de conviver com ele, Sheldon o submeteu a um exame para assegurar que tinham interesses parecidos (não era suficiente que Leonard fosse físico, Sheldon também precisou saber se ele era partidário de Picard ou de Kirk, uma questão fundamental).

Howard e Raj foram apresentados a Sheldon por Leonard; não são, portanto, amigos nos quais Sheldon estivesse interessado, mas amigos por extensão. Com o tempo ele passou a apreciá-los (Howard um pouco menos, devido a seu nível acadêmico), mas só porque pode compartilhar com eles atividades de que gosta, como visitar a loja de gibis. Sheldon nunca aceita realizar atividades que não quer fazer, mesmo com eles (jamais sairá com Howard e Raj a menos que ganhe algo em troca, como os punhos de Hulk). Ao contrário dele, quantos de nós fazemos o esforço de ir a lugares que não queremos para acompanhar nossos amigos? E isso faz sentido? Sheldon demonstra mais uma vez o caráter absurdo das relações sociais. A amizade deixa de ter sentido quando você deve fazer algo para continuar sendo amigo de alguém. É muito mais lógica uma amizade baseada em interesses comuns, seja com pessoas que se conhece, seja com amigos virtuais.

2. O ALGORITMO DA AMIZADE

Mesmo não tendo nenhum interesse em fazer amigos, às vezes Sheldon é obrigado a se dedicar a isso. Pois, na sociedade em que vivemos, ser amigo de alguém pode ser a única maneira para alcançar um propósito profissional. É assim quando ele descobre que para progredir em sua investigação deve ficar amigo de Barry Kripke. "Ele controla a nova grade do computador científico que preciso usar para rodar algumas simulações de formação estrutural no início do universo", explica Sheldon. "Você vai precisar de sorte. As únicas pessoas que ele deixa usar são seus amigos", explica Leonard. A solução para o problema é evidente e até uma criança de 4 anos poderia resolver: Sheldon precisa ficar amigo de Kripke.

O amiguismo (esse derivado da amizade que consiste em favorecer seus amigos em detrimento de outras pessoas, independentemente dos méritos de ambos) obriga Sheldon a seguir a onda. Vivemos em uma sociedade com indivíduos que frequentemente atuam de forma nepotista, de modo que fazer amigos é uma obrigação para todos, inclusive para Sheldon, que não tem nenhum interesse nisso. No entanto, nada pode se interpor entre ele e sua investigação científica, por isso começa a trabalhar em um plano.

Para Sheldon, fazer amigos não é diferente de qualquer outro tipo de conhecimento, de modo que ele usa uma estratégia acadêmica para resolvê-la:

Leonard: Não, não, o que estou falando é que, se você quer aprender a fazer amigos, então é só ir a uma cafeteria ou um museu. Encontrar pessoas. Falar com elas. Interessar-se pela vida delas.

Sheldon: Isso é absolutamente insano.

Leonard: Aonde vamos?

Sheldon: Leve-me ao shopping center. Vou comprar um livro que resume as atuais teorias no campo de fazer amizades.

Depois de estudar conscientemente a teoria da amizade (lendo o conto "Stu, a cacatua, é nova no zoológico") e analisar seus pontos fortes como amigo graças a um teste que Leonard, Penny e os demais precisam responder, Sheldon consegue encontrar a fórmula para se tornar amigo de Barry Kripke e a aplica exatamente como faria com qualquer outro método científico.

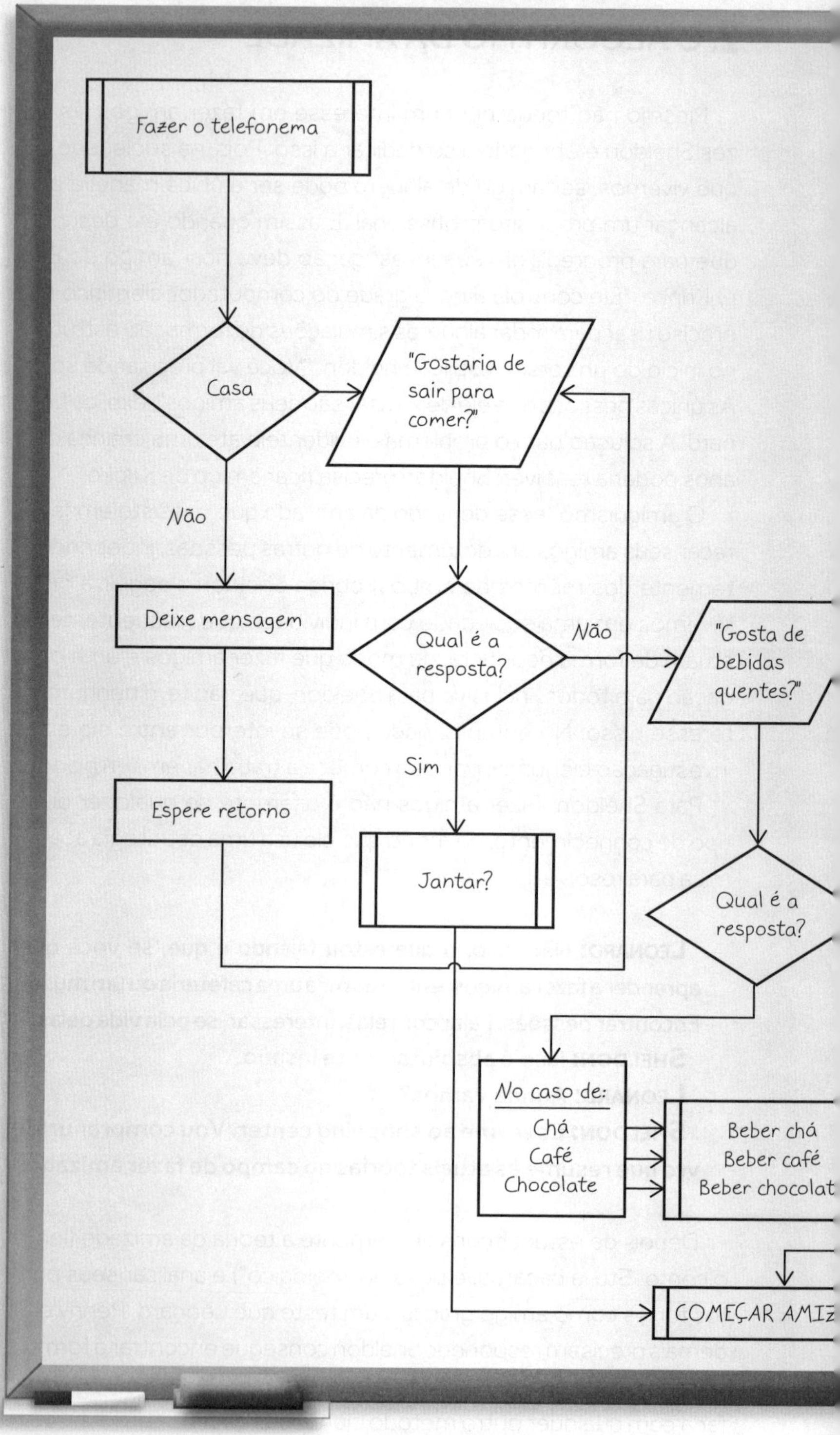
Fazer o telefonema
Casa
"Gostaria de sair para comer?"
Não
Deixe mensagem
Qual é a resposta?
Não
"Gosta de bebidas quentes?"
Sim
Espere retorno
Jantar?
Qual é a resposta?
No caso de:
Chá
Café
Chocolate
Beber chá
Beber café
Beber chocolat
COMEÇAR AMIZ

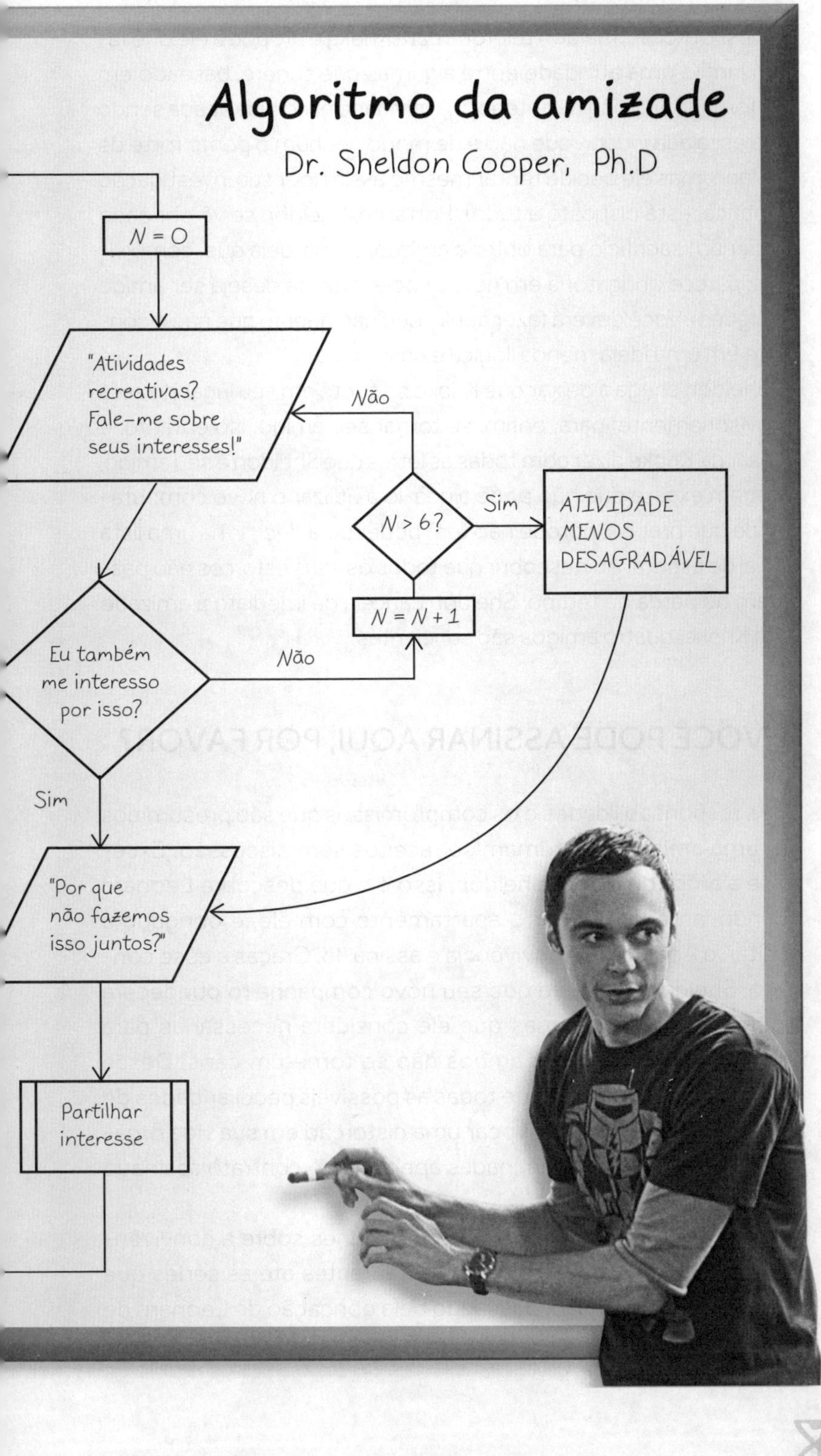
Algoritmo da amizade
Dr. Sheldon Cooper, Ph.D
N = 0
"Atividades recreativas? Fale-me sobre seus interesses!"
Não
N > 6?
Sim
ATIVIDADE MENOS DESAGRADÁVEL
N = N + 1
Eu também me interesso por isso?
Não
Sim
"Por que não fazemos isso juntos?"
Partilhar interesse

Desse modo, Sheldon telefona para Kripke e propõe a ele que façam juntos uma atividade entre algumas que sugere, baseado em sua fórmula (ver página anterior). A atividade escolhida acaba sendo uma escalada *indoor*, que não é de modo nenhum o ponto forte de Sheldon, mas ele decide tentar mesmo assim (por sua investigação científica, está disposto a tudo). Portanto, Sheldon se vê obrigado a fazer um sacrifício para obter a amizade, uma ideia que, como vimos, parece obrigatória em nossa sociedade: se deseja ser amigo de alguém, você deverá fazer aquilo que não quer (o que não a converte em uma ideia menos ilógica e absurda).

Sheldon chega a deixar que Kripke se sente em seu lugar no sofá (provisoriamente) para, enfim, se tornar seu amigo. No entanto, e apesar de Kripke dizer com todas as letras que Sheldon é seu amigo, também explica que não pode ajudá-lo a utilizar o novo computador de que precisa, porque não tem poder para decidir, há uma lista oficial de espera. Ao descobrir que todos os seus esforços não passaram de perda de tempo, Sheldon cancela de imediato a amizade com Kripke: quatro amigos são suficientes.

3. VOCÊ PODE ASSINAR AQUI, POR FAVOR?

As responsabilidades e os compromissos que são presumidos em uma amizade costumam ser aceitos sem discussão. Exceto se a amizade é com Sheldon. Isso é o que descobre Leonard quando, antes de dividir o apartamento com ele, é obrigado a aceitar o Acordo de Convivência e assiná-lo. Graças a esse contrato, Sheldon assegura que seu novo companheiro obedecerá algumas normas mínimas que ele considera necessárias para que a convivência entre ambos não se torne um caos. Desse modo, Sheldon garante que todas as possíveis peculiaridades de Leonard que possam provocar uma distorção em sua vida organizada e lógica sejam eliminadas apelando ao contrato assinado por ambos.

O contrato delimita todo tipo de detalhes sobre a convivência entre os dois, da escolha de restaurantes até as séries que podem ver na televisão, passando pela obrigação de Leonard de levar Sheldon ao trabalho, ou a temperatura em que deve estar o apartamento:

Sheldon: Essa é a temperatura com a qual você concordou no Acordo de Convivência.

Leonard: Ah, que se dane o Acordo de Convivência!

Sheldon: Você não ferra o Acordo de Convivência. É o Acordo de Convivência que ferra você.

Embora às vezes Leonard se dê mal por causa das condições do contrato que ele mesmo assinou, em geral tende a aceitar as normas impostas por Sheldon. Seu motivo é simples: prefere aceitar as regras a passar horas discutindo, pois se trata de uma batalha que ele não pode ganhar (uma vez que assinou o contrato, não há o que argumentar). Só Priya foi capaz de encontrar buracos legais na redação do contrato, o que obrigou Sheldon a utilizar chantagem para conservar as normas de convivência no apartamento.

Cabe destacar que nem todo mundo estaria preparado para viver sob as condições de Sheldon. Como o anterior companheiro de apartamento dele, que deixou pintado na parede do quarto a mensagem "Morra, Sheldon, morra", vítima que foi da pressão de ser obrigado a seguir tantas regras. No entanto, Leonard chegou a se sentir bem com o contrato, ao descobrir que, na verdade, é mais fácil ter algumas regras como referência do que conviver sem ter claras as normas de convívio e discutir a todo instante.

Ocorre que achamos que nosso conceito sobre a amizade é o mesmo dos demais, e não há por que ser assim. Os compromissos derivados de uma amizade variam em função da ideia que cada pessoa tem de uma relação. Por isso, por exemplo, acontece de um indivíduo pressupor que o outro agirá de determinada maneira caso se produza uma circunstância concreta, mas para a outra pessoa pode não ser assim. Dessa forma é comum esperarmos da amizade coisas que não se concretizam. E não é culpa de nenhuma das duas partes; o que houve foi que ninguém esclareceu o que implicava exatamente a amizade. Sheldon, portanto, deixa tudo claríssimo com um contrato.

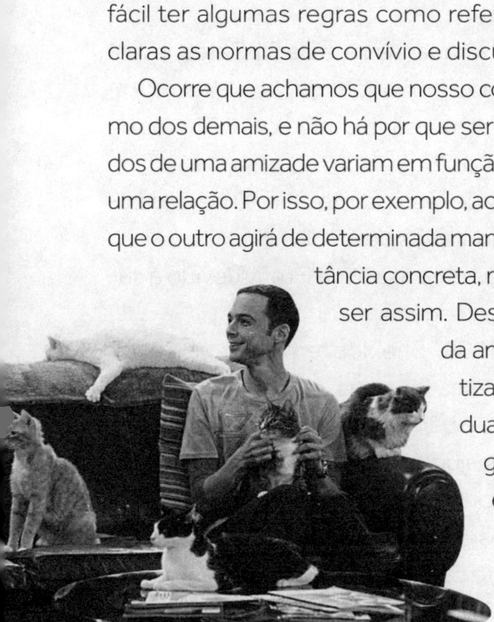

Muitas amizades terminaram porque uma das partes não cumpriu com o que a outra esperava. Em troca, na amizade entre Sheldon e Leonard, os dois sabem o que devem esperar um do outro – porque falaram previamente em que consistiria a amizade, estabeleceram normas de acordo mútuo e deixaram tudo por escrito. Não há amizade mais sólida do que aquela baseada no entendimento entre ambas as partes.

Confira, a seguir, todas as regras conhecidas da amizade entre Sheldon e Leonard.

ACORDO DE CONVIVÊNCIA

 # Cláusulas de amizade

1. No caso de um amigo ser convidado a visitar o Large Hadron Collider na Suíça, ele deve convidar o outro amigo para acompanhá-lo.
2. Se um amigo conseguir superpoderes, irá nomear o outro como seu assistente.
3. Se um amigo for mordido por um zumbi, o outro não poderá matá-lo.
4. Se um amigo ganhar uma bolsa MacArthur, deverá mencionar o outro amigo em seu discurso.
5. Se um amigo for convidado a nadar na casa de Bill Gates, levará o outro amigo para acompanhá-lo.
6. Companheiros de casa devem avisar o outro com 12 horas de antecedência sobre iminente coito.
7. A seleção de novos *delivery* de restaurante exige uma audiência pública e um período de comentários de 60 dias.
8. Sextas-feiras são reservadas para assistir a Firefly devido à suposição de Sheldon de que a série seguirá por anos.
9. Desde a "Noite de Suor de 2006", Sheldon tem controle do termostato no apartamento, que marca 22 graus.
10. Animais de estimação estão banidos, com a exceção de animais de serviço como macacos ajudantes melhorados ciberneticamente e cães guia. (Sheldon rompe essa regra, embora Leonard não diga nada, quando traz vários gatos para o apartamento.)
11. Nada de gritos alegres, gente cantando, risadas estridentes, bater de copos, fogos artificiais ou quartetos a capela depois das 22 horas.

12. Leonard deve levar Sheldon para o trabalho e para seus vários compromissos, como ao dentista.

13. Todas as medidas devem ser tomadas para garantir um suprimento adequado de água quente quando Sheldon for tomar banho depois de Leonard.

14. A ocupação do banheiro deve ser de apenas uma pessoa, a menos que ela esteja sendo atacada por alienígenas solúveis em água.

15. O direito à privacidade no banheiro é suspenso no evento de uma Force Majeure (cláusula padrão em contratos com estipulação sobre eventos fora do controle das partes contratantes que, uma vez verificados, excluem as responsabilidades contratuais).

16. Sheldon vai perguntar pelo menos uma vez por dia como está Leonard, mesmo se não for de seu interesse.

17. Uma vez por ano, Leonard e Sheldon tirarão um dia para comemorar as contribuições que Leonard faz à vida de Sheldon, tanto reais quanto imaginárias. Leonard não receberá o café na cama, nem terá o direito de se sentar no lugar de Sheldon, nem permissão para alterar o termostato; a única coisa que Leonard ganhará será um cartão de agradecimento. Esse dia se chamará "Dia de Leonard".

18. O Acordo de Convivência, como a bandeira norte-americana, não pode tocar o chão.

19. Se um dos dois inventar a viagem no tempo, a primeira parada será exatamente cinco segundos depois que essa cláusula do Acordo de Convivência tiver sido assinada.

20. Sheldon e Leonard têm a opção de anular o Acordo de Convivência, sem responsabilidades ou obrigações um com o outro, a não ser pagar o aluguel e compartilhar utensílios.

Cláusulas de coabitação

1. Provisões que estão ativadas:

a. Na geladeira, ao invés de ter duas estantes separadas e uma em comum, os três agora têm estantes individuais e a porta se torna comum.

b. A limpeza do apartamento deve ser aumentada de duas para três vezes por semana para acomodar o aumento do acúmulo de células mortas.

c. A agenda do banheiro deve ser modificada para acomodar a terceira pessoa.

2. Termos que devem ser cumpridos para ativar a cláusula: uma namorada deve ser considerada "vivendo com" se ela tiver ficado por mais de: dez noites consecutivas, ou mais de nove noites em um período de três semanas, ou todos os fins de semana de um mês mais três noites por semana.

3. A namorada também precisa concordar que não tocará, nem terá a intenção de tocar, nenhum instrumento percussivo ou de sopro.

Cláusulas especiais

Cláusula **Skynet:** Leonard ajudará Sheldon a destruir uma inteligência artificial que Sheldon criou e vem tomando o controle da Terra.

Cláusula **Body Snatchers:** Leonard ajudará Sheldon a destruir alguém que eles sabem que foi substituído por um receptáculo alienígena.

Cláusula **Godzilla:** Leonard ajudará Sheldon a destruir o monstro que já destruiu Tóquio.

Sheldon Cooper	Leonard Hofstadter
Contratante	Contratado

4. OS TRÊS AVISOS DE SHELDON

Enquanto Sheldon está permanentemente sujeito ao Acordo de Convivência, os demais amigos de Sheldon não assinaram nenhum contrato com ele, por isso podem fazer o que quiserem. Claro, semelhante excesso de liberdade não é do agrado de Sheldon, pois já se sabe que o livre-arbítrio acaba desembocando no caos. Desse modo, o que ele faz é aplicar uma série de regras de forma unilateral que tem como objetivo educar seus amigos para que sua presença seja minimamente suportável.

Essas normas se reduzem a questões comuns, como respeitar a agenda de Sheldon (que os amigos podem descarregar da página web de Sheldon e instalar em seus celulares), não chegar tarde (especialmente quando for uma Videogame Vintage Night), ficar calado enquanto ele assiste às suas séries de televisão favoritas (especialmente a britânica *Dr. Who*), não tocar a comida de Sheldon, manter uma conduta de higiene básica (que inclui se afastar quando se está com uma doença contagiosa como a gripe), não contar nenhum segredo a Sheldon sem consultá-lo primeiro, não lhe enviar e-mails com conteúdo humorístico e banal como vídeos engraçados de gatos, e levá-lo ao trabalho, à loja de gibis ou a qualquer outro lugar no caso de, por algum motivo, Leonard não poder fazer isso.

São normas tão básicas que Sheldon não deveria fazer nenhum esforço para que fossem cumpridas. Na verdade, Howard e Raj não têm nenhum problema em segui-las. Mas isso é assim graças ao sistema dos três avisos instaurado por Sheldon, que fez maravilhas com eles, como logo fará com Penny.

PENNY: Não sei. Eu estava com fome. Qual é o problema?

SHELDON: O problema é que ninguém toca a comida no meu prato.

PENNY: Certo. Eu não sabia. Desculpe.

SHELDON: Acontece, Penny, que essa é a sua segunda falta.

PENNY: O quê?

SHELDON: Você tem duas faltas. Três faltas e estará fora. É uma metáfora de esportes.

Sheldon tem um sistema de avisos com o qual adverte os demais quando fazem algo que não deveriam ter feito. É permitido o máximo de duas faltas. Se o amigo chega à terceira, Sheldon rescinde unilateralmente a amizade, pois entende que a outra pessoa não é capaz de cumprir com o mínimo que garanta que sua vida não vai se converter em um desastre.

Embora possa parecer que o máximo de três avisos é muito pouco, Sheldon elimina o registro de avisos uma vez por ano (de modo que é possível cometer até dois erros anuais). Também existe a possibilidade de eliminar os erros do registro antes de um ano se a pessoa aceitar a realização de um curso (disponível também *on-line*), no qual Sheldon explica pacientemente quais foram os erros cometidos. O sistema se aplica a todos aqueles que fazem parte do dia a dia de Sheldon, pois entende-se que sua presença é contínua e, como consequência, devem melhorar para que a experiência da amizade também melhore (pelo menos para Sheldon).

Penny: Oh, querido, os ônibus não vão até onde você vive, não é?
Sheldon: Veja, eu gostaria de poder ser mais leniente com você. Mas, como se tornou um membro permanente, devo usar os mesmo padrões que uso com os outros.
Howard: Parabéns, você é oficialmente uma de nós.

5. UNIDOS COMO OS X-MEN

E, quando Howard diz a Penny que ela é parte do grupo, está falando sério. A maneira que Sheldon tem de entender a relação com seus amigos é muito parecida com a dos grupos de super-heróis dos quadrinhos, nos quais cada um dos membros contribui com uma habilidade com o resto do grupo. Todos eles contam com a aprovação de Sheldon, que, por um motivo ou outro, valoriza sua presença no grupo. Ele é como o professor Charles Xavier dos X-Men, que observa e dirige a equipe de mutantes que tem a seu arredor.

Do mesmo modo que o líder dos X-Men abraça sua condição de mutante, Sheldon abraça sua condição de *geek*. Ambos escolhem os membros de sua equipe e tentam estimulá-los constantemente. Dessa forma, Sheldon provoca Howard (o único de seus três amigos que não tem doutorado) para que tente melhorar. Do mesmo modo, aceita desinteressadamente dar aulas de física para Penny e a encoraja a perguntar tudo o que for necessário, explicando questões científicas e tentando fazer com que ela melhore um pouco mais a cada dia.

Na verdade, Sheldon dirige uma escola de mutantes em pequena escala e sem que seus alunos tenham se inscrito voluntariamente para nenhum curso.

Ramona: Dr. Cooper, preciso dizer que seus amigos o impedem de avançar.
Sheldon: Prefiro pensar que eu os estou ajudando a avançar.

Para Sheldon, aceitar um novo membro no grupo é sempre um grande esforço, visto que ele gasta grande quantidade de energia para ensiná-los. Incompreensivelmente, os demais acreditam que sua atitude é condescendente, o que não faz nenhum sentido. Sheldon é absolutamente racional, não tem nenhuma necessidade de se sentir superior aos demais (o que seria lógico). O que ele procura é tirar o melhor de seu pequeno grupo de super-heróis.

Embora ele pareça rigoroso, dificilmente expulsará algum membro do grupo. Em várias ocasiões Sheldon deixou claro que, se tivesse de eliminar um deles, optaria por Raj (que é consciente de ser a última opção e se refere a si mesmo como o Aquaman do grupo). Mas, na verdade, Sheldon coloca a estabilidade do grupo acima de tudo. Quando Howard teve de abandonar temporariamente o grupo para ir ao espaço, Sheldon passou um mau momento, pois não se acostumava com seu substituto, Stuart, que nunca chegou a se sentir confortável no grupo. Houve uma ocasião em que Sheldon tentou mudar de grupo, recrutando novos super-heróis: Barry Kripke, Zach e de novo Stuart formaram uma nova aliança. Foi uma fase na qual Sheldon acreditou que seu poder como diretor do grupo estava acima de seus membros. Mas logo descobriu que não era a mesma coisa e se apressou a recuperar Leonard, Howard e Raj.

As habilidades desses X-Men (os quais Sheldon chama de C-Men) não estão muito definidas, mas o que fica claro é que todos tentam se ajudar entre si, o que está de acordo com a base de uma amizade. Dessa forma, e embora evite sempre os laços emocionais, Sheldon entende a relação entre seus amigos no sentido mais tradicional do termo, e sabe que pode contar com eles quando e para o que necessitar.

Sheldon para Penny: (por telefone) Estou passando por uma crise e preciso que você use seus poderes de concentração, por mais limitados que eles possam ser...
Leonard para Sheldon: Me dá o telefone.
Leonard para Penny: (por telefone) Ele está ligando para pedir um favor. Pode ser que você esteja confusa porque Sheldon não usou as palavras "Penny", "Sheldon", "por favor" ou "favor".

6. O ELEVADOR QUEBRADO

Pode parecer que Sheldon é um indivíduo um pouco frio quando se trata de amizade. E não se pode negar que suas prioridades não são exatamente as mesmas dos demais, pois ele valoriza outros interesses, como conseguir que sua vida diária seja um espaço organizado, lógico e tranquilo, longe de sobressaltos. Suas decisões acerca da amizade estão submetidas à necessidade de viver em um mundo tranquilo, por isso não hesitará em deixar claro que há pessoas mais toleráveis que outras, sendo que esses méritos não têm nada a ver com o terreno emocional (se gosta delas ou não) como poderiam fazer outros.

Por isso, e apesar de conhecer Penny há mais tempo, prefere Stephanie como namorada para Leonard. Seus motivos são extremamente simples:

SHELDON: Das poucas mulheres com as quais Leonard se envolveu, Stephanie é a única que eu achei tolerável.
PENNY: E eu?
SHELDON: A declaração é autoexplicativa.
PENNY: Ele não é um doce?

Ao não envolver as emoções em suas relações com os demais, com frequência ele parece distante. No entanto, isso não é totalmente verdade. Sheldon aprecia as pessoas que tem ao seu redor, a ponto de colocar sua vida em perigo por elas. Ele fez isso com Leonard quando o amigo se equivocou com uma experiência para criar um gel combustível, que converteu o recipiente no qual trabalhava em uma bomba a ponto de explodir. Leonard saiu correndo do apartamento com o recipiente nas mãos e entrou no elevador. Sheldon calculou o tempo que restava e não hesitou em tirar o recipiente das mãos de Leonard e arrancá-lo do elevador segundos antes de o recipiente explodir, deixando o elevador quebrado para sempre.

Se Sheldon realmente fosse frio e distante como um cylon, não teria se importado que Leonard explodisse pelos ares com a própria experiência, não é?

Leonard conta a Penny:

“Não só Sheldon salvou minha vida como não me entregou ao senhorio. Ou à polícia. Ou ao Ministério de Defesa.”

E é verdade: além de arriscar sua vida, Sheldon também desobedeceu a lei ao não denunciar Leonard, algo que detesta fazer.

Da mesma forma, e embora não aguente ouvir Leonard falando sobre seus problemas com Penny (existe um tema de conversa mais chato?), no fundo Sheldon se preocupa com ele. Porque parece evidente que Penny nunca vai ficar com um indivíduo como Leonard (não é sua opinião, é pura lógica) e porque, além disso, viu em mais de uma ocasião como Leonard voltava ao apartamento deprimido por causa de sua história com ela.

Embora Sheldon não saiba o que fazer nessas situações, isso não significa que não se importa com o que aconteça. Quando Amy explica a Sheldon que Penny pensa em romper com Leonard, Sheldon vai à casa dela à meia-noite e lhe pede que não faça isso. Claro, apela para a distorção que aconteceria em sua vida se os dois deixassem de namorar. "Não gosto quando as coisas mudam", diz. No entanto, está pensando em outra coisa. Algo que dirá pouco antes de voltar a seu apartamento:

> **"Por favor, não machuque meu amigo."**

1. VIAGEM AO POLO NORTE

Na verdade, podemos dizer que Sheldon é um amigo muito bom. Muito mais que os outros. Pode ser que ele evite se vincular em nível emocional com as pessoas que o rodeiam, mas respeita os demais e nunca traiu a confiança de nenhum de seus amigos, algo que não acontece se examinarmos o caminho inverso. Leonard, Howard e Raj traíram Sheldon em três ocasiões. A primeira aconteceu na viagem ao Polo Norte, quando manipularam a experiência de Sheldon para que ele acreditasse ter obtido resultados que confirmavam sua teoria e, assim, pudessem voltar para casa para anunciar a descoberta. Foi assim: Sheldon escolheu-os para participar com ele da expedição ao Polo Norte, e os três retribuíram induzindo-o a um erro que jogou no lixo três meses de trabalho duro.

Sheldon: Vocês adulteraram meu experimento?
Howard: Fomos obrigados.
Sheldon: Leonard sabia disso? Leonard é meu melhor amigo em todo o mundo. Claro que Leonard não sabia.
Howard: Na verdade, foi ideia dele.

Até Leonard, em quem Sheldon confia mais do que em qualquer pessoa, o enganou e não disse nada ao chegar em casa, deixando que Sheldon anunciasse sua descoberta na universidade. Um anúncio que precisou retificar depois, além de encarar a humilhação pública. E isso sem falar do desgosto que sentiu ao descobrir que o Prêmio Nobel que já via em suas mãos se desvanecia por completo, desaparecendo no que fora uma grande mentira.

Mais adiante, Leonard voltou a trair Sheldon quando recebeu um convite para visitar o CERN e ver de perto o Large Hadron Collider (o maior acelerador de partículas já construído até hoje). Em vez de escolher Sheldon como acompanhante, ele preferiu Penny, ignorando que: 1) visitar o acelerador é um dos sonhos de Sheldon (e por outro lado não significa nada para Penny), 2) é uma viagem que por lógica deveria ser feita por alguém interessado em ciência, e 3) consta no Acordo de Convivência que, no caso em que um dos dois tivesse acesso ao acelerador, convidaria o outro para que fosse com ele.

Essa traição foi especialmente dolorosa para Sheldon, pois não tinha nenhuma lógica. Ele ficou bravo com Leonard por um longo tempo, durante o qual o comparou a traidores da história, como Benedict Arnold, Judas ou Rupert Murdoch.

E Leonard ainda cometeu uma terceira traição quando decidiu ignorar Sheldon e ir à festa de Wil Wheaton, seu inimigo número um. Um ato que Sheldon decidiu ser suficiente para pôr fim na amizade. Assim, postulou a teoria da amizade de Schrödinger, segundo a qual ele e Leonard eram e não eram amigos ao mesmo tempo (como o paradoxo do gato da caixa). Seria Leonard quem decidiria se queria continuar sendo amigo de Sheldon. Leonard, ignorando de novo seu amigo, foi à festa de Wil Wheaton.

Pela terceira vez, Sheldon o perdoou e demonstrou que, embora possa parecer não se importar com seus amigos, na verdade ele se importa até mais do que estes merecem.

8. NO INTERIOR DA ENTERPRISE

Grande parte do caráter solitário de Sheldon se deve ao fato de ele se sentir incompreendido durante toda a sua vida. Afinal, nasceu no seio de uma família muito religiosa do Texas. E, embora Sheldon seja uma pessoa brilhante, nesse ambiente é um bicho estranho. Seus pais nunca entenderam um filho que claramente era um gênio. E, de fato, ainda hoje não o entendem. Sheldon passou a infância sentindo estar no lugar errado. Enquanto ele tinha interesse pela ciência, os outros meninos tinham interesse em zombar dele.

Apesar de não mencionar com muita frequência sua vida no Texas, Sheldon já fez suficientes referências para que possamos ter uma ideia dos processos que precisou vivenciar: seu pai o obrigava a ver partidas de futebol americano (quando ele não tinha nenhum interesse nisso) e também a participar de aulas de dança (outra atividade que não o interessava). Seus pais tampouco acertavam seus presentes de aniversário, pois davam coisas tão pouco apropriadas como uma moto (quando ele queria um centrifugador de titânio).

No entanto, o pior de sua vida no Texas era a fé ultrarreligiosa de sua mãe, que não admite que ninguém a coloque em dúvida. Enquanto Sheldon tentava explicar de forma lógica e objetiva fatos científicos, sua mãe colocava a *Bíblia* na frente dele e contava histórias das quais não existe nenhuma prova empírica: é preciso acreditar nelas. Algo que para Sheldon não era possível. De fato, essas questões ainda criam discussões entre ambos, como comprovamos no episódio em que Sheldon decide abandonar a Califórnia e voltar para casa:

SHELDON: Vou passar o resto da minha vida aqui no Texas tentando ensinar evolução aos criacionistas.
SRA. COOPER: Cuidado com a boca, Shelly. Todo o mundo tem direito à opinião própria.
SHELDON: Evolução não é opinião, é um fato.
SRA. COOPER: E essa é a sua opinião.

É lógico que durante sua infância Sheldon sonhava que algum dia Spock apareceria e o levaria ao futuro, deixando para trás, para sempre, o mundo de ignorantes em que vivia. Essa é uma ideia recorrente, inspirada pelo mundo de *Jornada nas Estrelas*, e que ele colocou em uma história intitulada "Onde nenhum Sheldon jamais esteve".

> **"É a história de um jovem que é transportado do interior ignorante do leste do Texas para o século XXIII, onde sua genialidade não só é apreciada, mas comemorada."**

No entanto, é uma ideia que o faz se sentir culpado, pois, enquanto por um lado sente que o lugar a que pertence é o interior da nave Enterprise (um lugar no qual a ciência e a lógica mandam acima de todas as coisas), por outro acha que está traindo sua mãe. Mas Sheldon teria preferido nascer em uma família diferente e deixa isso bem claro para Leonard: Sheldon inveja o ambiente científico em que o amigo nasceu, com uma família cheia de acadêmicos.

De certa maneira, o grupo de amigos que Sheldon formou na Califórnia funciona como uma segunda família: Leonard, Howard e Raj são as mentes científicas que ele sempre quis ter a seu lado para conversar. Não foi Spock que o levou ao Caltech, mas a seu modo ele acabou formando a própria tripulação da Enterprise.

9. QUATRO VERSÕES DE FLASH

Os amigos de Sheldon não só dividem com ele seu interesse pela ciência; eles também gostam das mesmas coisas, e não são coisas triviais, o que faz com que o resto do mundo olhe-os como bichos estranhos. Porque todos nós sabemos o que os convidados de uma festa pensarão de alguém que surge vestido de Flash. Pois Sheldon, Leonard, Howard e Raj têm, cada um deles, uma fantasia de Flash. Dito de outro modo: estão destinados a que o mundo os veja como doidos.

No entanto, isso não é novo para eles. Em maior ou menor proporção, os quatro foram sempre conscientes disso. Diversos valentões se encarregaram de que isso ficasse claro para eles durante toda a vida. O pobre Sheldon apanhou desde pequeno de diversas crianças da vizinhança, mas sobretudo de Billy Sparks, que chegou a enfiar uma moeda em seu nariz. Nunca conseguiram tirá-la, por isso Sheldon demora 45 minutos para passar pelo controle do aeroporto cada vez que quer subir em um avião...

Quando Sheldon era pequeno, sonhava em ter como mascote um grifo (ser mitológico que é metade leão e metade águia) porque isso permitiria espantar todos os valentões que o atormentavam na escola e no colégio. "Seria a companhia fiel com a qual eu poderia dormir à noite, mas seria capaz de matar com comando telepático."

Leonard, por seu lado, foi chamado de Nancy durante três anos. O sujeito que se tornou seu pesadelo costumava enfiá-lo em todo o tipo de lugar – inclusive em uma mochila – para demonstrar como Leonard era baixinho. Fazia também brincadeiras cruéis, como obrigá-lo a tomar laxante na festa de formatura do colégio, ou despi-lo e enfiá-lo no vestiário das garotas.

Howard também teve sua dose de opressão no instituto. Vários alunos gostavam de agarrá-lo pelos pés e enfiar sua cabeça na privada. Também foi vítima de puxões de cueca.

Essa consciência de não se encaixar no resto da sociedade os une também em sua amizade. É algo que eles têm em comum e, embora não falem disso, todos são conscientes dessa ligação. Sabem muito bem que ninguém jamais irá considerá-los pessoas populares e que sempre se sentirão intimidados por homens mais atléticos. No fundo, todos têm uma conta pendente com uma sociedade que os rechaçou e se refugiam no próprio mundo, no qual podem fazer o que gostam e, além do mais, estão a salvo dos valentões.

Certa ocasião, Leonard teve a oportunidade de eliminar essa lembrança de sua vida, pois o sujeito que o maltratava, o temido Jimmy Speckerman, reapareceu em sua vida, já adulto. Leonard entendeu que não poderia deixar passar a oportunidade de recriminá-lo por tudo o que havia feito. Os dois saíram para beber e, ajudado por Sheldon, Leonard disse tudo o que queria. Jimmy o escutou com uma cerveja na mão e, quando ficou bêbado, pediu desculpas a Leonard.

HOWARD: Depois de todos esses anos, seu grande tirano do colégio finalmente pede desculpas.

LEONARD: É. Isso meio que reaviva minha fé na bondade básica das pessoas.

SHELDON: Sabe o que seria ótimo? Como um gesto simbólico a todos os idiotas que nos atormentaram durante anos, abrirmos nossa casa a Jimmy e, quando ele estiver dormindo, matá-lo.

Na verdade, Jimmy não tinha nenhuma intenção de se desculpar. Ele dormiu no apartamento dos rapazes e, ao despertar, voltou a ser tão agressivo como sempre, provocando Leonard. A princípio, eles o enfrentaram. Mas enfim escaparam do próprio apartamento, correndo mais rápido que o próprio Flash.

10. FRODO, SAM, MERRY E PIPPIN

Mas nossos *geeks* nem sempre saíram correndo ao enfrentar um valentão (embora sempre tenham tido tentação de fugir). Houve ocasiões nas quais se comportaram como autênticos valentes, demonstrando o que J. R. R. Tolkien disse em *O Senhor dos Anéis*: que os hobbits são criaturas que sempre podem surpreender e, apesar de na Terra Média serem considerados insignificantes em comparação com os poderosos humanos, os elegantes elfos ou os fortes anões, são capazes de atos de grande heroísmo.

Nesse caso, nosso Frodo seria Leonard, que de todos sempre é quem se mostra mais capaz de enfrentar os obstáculos, ao passo que Sheldon seria Sam, seu fiel companheiro de aventuras. Ambos se atreveram a ir até a casa de Kurt, que representaria Sauron, para pedir a televisão de Penny, e ambos voltaram para casa sem calça. A derrota foi clara e evidente, mas isso não diminui o fato de que os dois tiveram muita coragem. Mesmo diante da montanha de músculos que é Kurt, que tem os braços de um uruk-hai, não arredaram pé e tentaram jogar o Um Anel no fogo de Orodruin.

Naquela ocasião, eles não imaginavam o que iriam enfrentar. Por esse motivo, ao se aventurarem pela segunda vez a confrontar Kurt, o mérito deles ficou ainda mais evidente, pois então já sabiam o tipo de criatura malvada que é o ex-namorado de Penny. Sua missão, nessa ocasião, era ainda mais complicada, pois eles queriam pedir que Kurt devolvesse a Penny o dinheiro que ela lhe emprestara. Por isso Leonard teve de brigar para que seus amigos – que, distraídos, jogavam um RPG (*role-playing game*) –, se unissem à sua causa.

LEONARD: Vocês são inacreditáveis: se divertem com um jogo que simula aventuras, mas, quando há uma aventura real lá fora, no mundo real, vocês ficam com medo.

Sheldon: Não lembra a última vez em que visitamos esse cavalheiro? Nós voltamos para casa sem calça!

Leonard: Eu lembro.

Sheldon: Tem certeza? Porque sua proposta sugere que não lembra.

Mas, apesar dessas reticências, eles voltaram à casa de Kurt (dessa vez acompanhados por Howard e Raj, que seriam Merry e Pippin). O resultado não foi melhor que o da primeira vez, mas isso não é o mais importante. O fundamental aqui é que, apesar do medo que os quatro sentem ao enfrentar indivíduos como Kurt, acabam por enfrentá-los, unindo-se como amigos. Sheldon não tem nenhum motivo para colocar em risco sua pele. Afinal, é Leonard que está interessado em realizar a missão, porque quer marcar um ponto com Penny. Então, por que Sheldon deveria colaborar?

Porque Sheldon, como Sam, entende a amizade como uma relação na qual ser um bom companheiro é importante. Com todas as suas manias, seus contratos, seus três avisos e suas peculiaridades, ele é muito mais amigo que muitos outros. Sheldon não quer deixar Leonard sozinho para enfrentar o perigo. Essa é sua maneira de entender a amizade baseada na ideia do companheiro fiel, que segue ao lado de seus amigos e os protege na medida do possível, independentemente do que vai ocorrer. Assim como Sam abandonou a comodidade do Condado e cruzou a Terra Média para ajudar seu amigo Frodo, Sheldon é capaz de bater na porta do todo-poderoso Kurt para ajudar seu amigo Leonard.

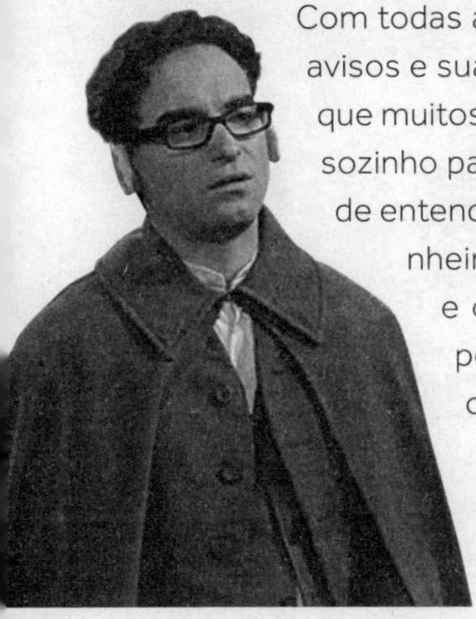

PARTE IV

BAZINGA!

Sheldon no trabalho

1. UMA PISCINA CHEIA DE BOLAS

Leonard tenta que Sheldon preste atenção a ele, mas é muito tarde. Sheldon submerge na piscina de bolas coloridas e desaparece de sua vista. Cansado de ser ignorado, Leonard decide entrar para obrigá-lo a sair, mas é incapaz de agarrá-lo. Cada vez que acredita saber onde ele está, Sheldon aparece do lado oposto. Sua cabeça surge, rodeada de bolas coloridas, e com um rosto sorridente exclama "Bazinga!", e volta a mergulhar.

A expressão bazinga vem de um videogame chamado Bubble Bazinga no qual, quando o jogador consegue mais de 10 mil pontos com um só disparo, tocam as trombetas e uma voz grita: "Bazinga!" O videogame não é muito conhecido (trata-se de um clone de outro muito mais popular, o Puzzle Bobble), mas é possível que Sheldon tenha jogado e memorizado a palavra. O termo se origina da expressão zing, que é utilizada, em um contexto brincalhão, para deixar claro que estamos zoando alguém.

Sheldon utiliza a palavra bazinga para reclamar sua vitória sobre os demais. Afinal, ele é quem costuma ficar fora do jogo nos contextos sociais, porque, como explicamos antes, tem dificuldade para entender sarcasmo ou ironia. No entanto, essa parte de sua personalidade joga a seu favor quando é ele quem brinca com os demais, porque ninguém está esperando por isso. Todos estão acostumados com o Sheldon racional e lógico, por isso seus amigos sempre o levam a sério, o que supõe uma vantagem quando ele quer criar suas piadas, arrematadas com a palavra bazinga:

Sheldon: Leonard, você pode estar certo. Parece que Penny secretamente quer você na vida dela de uma forma muito íntima e carnal.

Leonard: Você acha mesmo?

Sheldon: Claro que não. Mesmo em meu estado privado de sono, consegui fazer outra das minhas clássicas pegadinhas. Bazinga!

Cada vez que Sheldon solta um bazinga, está se vingando de todas as ocasiões nas quais precisa se adaptar às normas sociais que não entende. É sua maneira de devolver a jogada. É seu jeito particular de ganhar a partida, pois por um momento é ele quem consegue deixar os outros frustrados. Afinal, deve se sentir cansado da insistência de seus amigos em utilizar os duplos sentidos e falar de emoções.

De todos os contextos possíveis, não há nenhum no qual Sheldon possa utilizar mais a palavra bazinga que no trabalho, pois, enquanto em outros ambientes Sheldon deve se esforçar por seguir as absurdas normas sociais que regem nosso dia a dia, no trabalho as regras que imperam são as suas. Quer dizer, as da ciência. Quando se trata de falar sobre os mistérios do Universo, não há ninguém que possa ganhar de Sheldon.

Pode ser que muitos de seus companheiros não aguentem, ou achem que sua personalidade é irritante, mas não podem negar que Sheldon é um cientista brilhante e um dos melhores pesquisadores do Caltech, como reconhecem inclusive seus

maiores inimigos. Nesse sentido, o trabalho é uma espécie de paraíso no qual todo o mundo se vê obrigado a falar o mesmo idioma que ele. Em outros ambientes, os demais podem ignorá-lo ou deixá-lo de lado. Mas, no trabalho, Sheldon é quem grita: "Bazinga!"

2. PEDRA-PAPEL-TESOURA-LAGARTO-SPOCK

A maioria das pessoas joga pedra-papel-tesoura. É um jogo simples, cujas três opções oferecem variáveis limitadas que qualquer um pode ter na cabeça para tentar vencer o adversário. Mas para Sheldon esse jogo não é suficiente. Simples demais. Ele precisa melhorá-lo introduzindo o lagarto e Spock. Dois elementos mais que multiplicam as possibilidades do jogo e o colocam em seu nível. Um jogo que considerava chato se transformou em um desafio. E os desafios fazem Sheldon sorrir de orelha a orelha.

Sua mente privilegiada necessita constantemente desse tipo de estímulo. Parte de sua vocação pela física surge do fato de que é um mundo muito amplo para explorar, no qual uma incógnita quase sempre costuma levar a outra incógnita, e as teorias científicas competem entre si para ver qual é a mais válida (não a correta, porque em muitas ocasiões não podem ser comprovadas de forma empírica). Afinal, o universo é infinito (bem, até mesmo essa afirmação poderia ser colocada em discussão), assim, o campo de trabalho também é. E Sheldon precisa se sentir superado para se interessar por algo.

Há um motivo pelo qual ele prefere passar a noite tentando encontrar uma fórmula (apesar de o processo ser árduo, cansativo e frequentemente frustrante) do que conversando com Leonard e companhia no Cheesecake Factory. A ciência coloca à prova sua capacidade intelectual, enquanto a maioria das conversas que tem com seus amigos parece entediante.

É por isso que uma de suas atividades favoritas são os jogos, que complica com o propósito de que venha a ser um autêntico desafio intelectual. Assim, além do pedra-papel-tesoura-lagarto-Spock, Sheldon também criou o Tresling (no qual os jogadores disputam um braço de ferro com uma das mãos, enquanto com a outra jogam uma partida de Tetris) e variantes do xadrez, que incluem novas peças como a Serpente, a Velha e a Grande Imperatriz, ou dificuldades extras como as do Secret Agent Obstacle Chess, no qual o jogador deve cruzar um circuito de *lasers* para poder mover uma peça do tabuleiro. Além disso, também joga o xadrez em três dimensões, bem como uma versão de Jenga gigante, com a qual a dificuldade é muito maior.

Também é habitual vê-lo criar jogos de lógica e trívia, em especial nas viagens no carro com Leonard, a caminho do trabalho. Sem dúvida é o impulso de colocar à prova sua mente a chave de Sheldon em seu ambiente de trabalho. Não há nada mais estimulante para ele saber que a cada manhã poderá se trancar em seu escritório durante horas e enfrentar os grandes problemas da existência. Em comparação, o resto das coisas que se encontram no mundo parece logicamente insignificante.

SHELDON: Tenho um conhecimento funcional do universo e de tudo que ele contém.
PENNY: Quem é Radiohead?
SHELDON: Tenho um conhecimento funcional das coisas importantes no universo.

Esse interesse dele pelo que faz é vital para entender a relação de Sheldon com o trabalho, pois não se trata de algo que ele executa para pagar o aluguel do apartamento (Sheldon não tem nenhum interesse por dinheiro), mas porque a ciência mantém ativa sua mente e propõe novos desafios que não encontraria em nenhum outro lugar. Não há nada que deixe Sheldon mais feliz do que passar horas com uma fórmula ou ler o último livro de seu admirado Stephen Hawking.

ASSIM SE JOGA PEDRA-PAPEL-TESOURA-LAGARTO-SPOCK:

- **tesoura corta papel**
- **papel cobre pedra**
- **pedra esmaga lagarto**
- **lagarto envenena Spock**
- **Spock esmaga tesoura**
- **tesoura decapita lagarto**

- lagarto come papel
- papel refuta Spock
- Spock vaporiza pedra
- e pedra esmaga tesoura

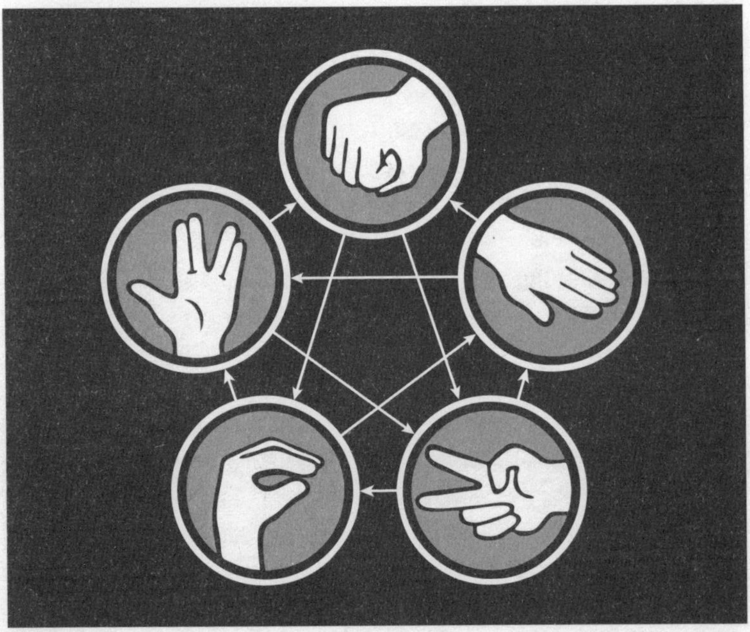

3. STEPHEN HAWKING SEMPRE GANHA

Como bom fã dos desafios, Sheldon é extremamente competitivo. Para ganhar, está disposto a tudo, inclusive a eliminar a própria equipe. Uma medida que, sejamos sinceros, é perfeitamente lógica quando se trata de conseguir a vitória. O nível de Sheldon é tão elevado que a existência de companheiros de equipe não deixa de ser um empecilho. Por isso, quando decidem participar do Torneio de Física, Leonard e companhia logo descobrem que, mesmo nos ensaios, Sheldon responde antes que os demais todas as perguntas.

Leonard: Sheldon, você precisa deixar outra pessoa responder.
Sheldon: Por quê?
Leonard: Porque é mais polido.

SHELDON: O que boas maneiras têm a ver com isso? É uma guerra. Os romanos foram bem-educados quando colocaram sal no chão de Cartago para que nada mais voltasse a crescer?

Por fim, diante da política de Leonard, que pretende que todos participem de forma igualitária, Sheldon abandona a equipe e participa do torneio por conta própria. "Nesse ponto, eu deveria lhes dizer que pretendo formar meu time e destruir as ligações moleculares que mantêm unida a matéria de vocês e reduzir o caos resultante a lágrimas", diz a seus já ex-companheiros de grupo. Assim, paga três pessoas para fazerem parte de sua equipe. Na realidade, esses indivíduos estão ali apenas para ocupar o lugar, pois as normas do concurso obrigam a presença de quatro participantes. É Sheldon quem responde todas as perguntas, enfrentando sozinho a equipe de Leonard, Leslie, Howard e Raj.

No entanto, Sheldon engasga com a pergunta final, que lhe daria a vitória. Um de seus companheiros de equipe assegura que sabe a resposta, mas ele o ignora. Não importa se de fato sabe do que está falando (e sabe, porque é um físico soviético de certa idade). O importante para Sheldon é ganhar. Ele, não os demais.

Cada vez que vence uma competição, Sheldon demonstra como sua mente é brilhante. Por isso nunca se dá por vencido. Cada vez que consegue a vitória, seja em uma discussão sobre as origens de Wolverine de X-Men, seja sobre o bóson de Higgs, Sheldon saboreia a doce delícia de ser aquele que sabe todas as respostas, o que reforça sua autoconfiança (reforçando também o sentido de sua vida e sua posição ante os demais). Graças a seus constantes acertos, ele pode se permitir realizar afirmações como:

"Você sabe que eu sou um cara muito inteligente. Não acha que se estivesse errado eu saberia?"

Ou:

"Acho que qualquer equipe da qual eu não seja parte terá uma enorme desvantagem."

Sheldon só deixou que outra pessoa ganhasse em uma ocasião: jogando uma partida de Words with Friends com Stephen Hawking. Sheldon estava ganhando com comodidade de seu adversário, mas então Howard revelou que Hawking não gostava que ganhassem dele. Temendo perder a amizade do prestigioso cientista se ganhasse a partida, Sheldon deu o braço a torcer e deixou que o outro ganhasse. Porque há uma única coisa mais importante para ele que ganhar uma batalha: ganhar a guerra; e Stephen Hawking poderia ser a peça-chave para sua carreira profissional. No entanto, o físico, como todas as mentes brilhantes, adora ganhar, e viu sua vitória, ganha de bandeja, como uma demonstração de que Sheldon era um perdedor.

4. RESPEITANDO OS TROUXAS

Sheldon coloca sua carreira científica à frente de tudo, mas isso não significa que esteja disposto a qualquer coisa. Uma questão é deixar que Stephen Hawking ganhe – alguém que considera um igual; e outra é mostrar algum respeito por mentes que são sem dúvida inferiores e lamentavelmente povoam o mundo universitário. Como regra geral, Sheldon não tem nenhum tipo de consideração por indivíduos que não possuem nenhum tipo de valor acadêmico, e tampouco algum interesse em expor seu trabalho para pessoas que não o entendem.

Para Sheldon, o mundo é parecido com o universo de Harry Potter. Existem dois tipos de pessoas: os magos, que sabem em que consiste o mundo; e os trouxas, que são a maioria, e aos quais não vale a pena prestar atenção. Por esse motivo, rechaça apresentar-se com Leonard em uma conferência na qual devem expor os resultados de sua investigação:

> **"Como já expliquei repetidas vezes, ao contrário de você, não preciso de validação de mentes inferiores."**

Claro, essa atitude cria problemas no trabalho, pois, apesar de o mundo da ciência ser racional e lógico, a estrutura burocrática e social do Caltech não é. Está formada por seres humanos e, por consequência, é imperfeita. Assim, ocorre que no trabalho de Sheldon, como em muitos ambientes profissionais, nem sempre a pessoa mais capacitada (um mago) é a que ocupa a melhor posição. Ao contrário, com frequência o cargo é dado a indivíduos medíocres (trouxas). Por isso, Sheldon não está disposto a receber ordens do novo diretor de seu departamento, o dr. Gablehauser.

LEONARD: Vamos conhecer o novo chefe de departamento, felicitá-lo, apertar sua mão e ir embora.
SHELDON: Como é isso? "Prazer em conhecê-lo, dr. Gablehauser. Que ótimo para o senhor que a universidade tenha escolhido contratá-lo, apesar de o senhor não ter feito nenhuma pesquisa original nos últimos 25 anos, e em vez disso tenha escrito uma série de livros populares que reduz os grandes conceitos da ciência a uma série de historinhas, cada uma acomodada à duração média do movimento dos intestinos".

Quando finalmente ele é apresentado, não consegue evitar dizer o que pensa:

GABLEHAUSER: Prazer em conhecê-lo. E você é?
SHELDON: Um cientista de verdade.

Por ser franco, Sheldon é demitido do Caltech e só conseguirá voltar graças à intervenção de sua mãe. No entanto, as coisas não serão melhores com o seguinte diretor, o dr. Siebert, que passará a ocupar o cargo algum tempo mais tarde. Ele insiste que Sheldon e os demais participem de uma festa para arrecadar fundos para a universidade, cheia de convidados ricos e importantes, mas Sheldon resiste: "É degradante. E eu me recuso a trotar e ficar sendo apresentado como um cão premiado na Feira Estadual do Texas".

Porém, com um grande esforço, Sheldon seguirá as instruções de Siebert. Mas à custa de muito sofrimento, pois, por mais que os convidados da festa possam assinar cheques em branco e todos os tratem bem por isso, Sheldon pode reconhecer perfeitamente um trouxa quando o vê. E Lorde Voldemort jamais irá se rebaixar para um repugnante trouxa.

5. UM ESCRITÓRIO INFERNAL

A essa altura, já terá ficado claro que Sheldon é extremamente individualista no que se refere a seu trabalho. O que faz todo o sentido: afinal, é ele quem tem a mente privilegiada. Mas isso significa que trabalhar a seu lado pode ser um autêntico inferno. Para começar, Sheldon desconhece o significado da palavra elogio. Nunca felicitará alguém por fazer bem seu trabalho, pois isso é o que se supõe que se deva fazer (e fazer bem). E isso tem sua lógica, pois ele não espera que ninguém o chame de brilhante, porque seria uma obviedade.

Tampouco ele reconhecerá a contribuição de alguém de forma oficial. Seus experimentos, sua tese e suas hipóteses sempre são suas. Não importa se teve o apoio de outros pelo caminho. Isso é o que logo descobrirá Ramona, que considera Sheldon um visionário e se oferece para ser sua assistente. A relação entre os dois funciona muito bem: ela organiza o horário dele, traz café, faz a parte bruta de sua pesquisa e até mesmo massageia seus pés, mas a relação se rompe quando acabam de elaborar o teorema no qual estão trabalhando e Sheldon descobre as intenções dela.

SHELDON: Como posso recompensá-la?
RAMONA: O que acha de dar o nome de Teorema Cooper-Nowitzki?
SHELDON: Quem é Nowitzki?
RAMONA: Eu sou Nowitzki.
SHELDON: Quer compartilhar os créditos? Saia daqui!

Sheldon nunca compartilha a autoria de seus trabalhos, embora tenha contado com a ajuda de outros. Simplesmente porque ele é o gênio, e sem ele, de nenhuma maneira, o trabalho seria possível.

Outro que trabalhou para Sheldon foi Raj, para evitar ser deportado para seu país. No entanto, e apesar do que parece ser uma oferta entre amigos, Sheldon o submete a uma entrevista (alegando que não permitirá o nepotismo e que deve avaliar suas qualidades como qualquer outro candidato ao posto de trabalho). E, quando enfim lhe dá o emprego, deixa muito claro que Raj está trabalhando "para ele" e não "com ele". Assim, Sheldon restringe suas contribuições, insiste em que, como chefe, só ele pode fazer brincadeiras no trabalho, e inclusive nega a possibilidade de Raj ter a própria mesa no escritório (o que gera uma autêntica guerra entre ambos, envolvendo até mesmo serpentes).

E quando, em certa ocasião, Sheldon teve de trabalhar com outros, acabou irritando todos os seus amigos. "Ele ficou vendo como eu trabalhava por dez minutos e depois começou a criar um software simples que poderia me substituir!", exclama Howard.

Atualmente, quem sofre o inferno trabalhista de Sheldon é sua atual secretária, Alex, a quem ele nem sequer permite que se sente à sua mesa durante as refeições. "Se eu aprendi algo dos programas britânicos na PBS foi que os servos jantam no porão com gente do mesmo nível", explica.

Ele está disposto a oferecer, isso sim, um reconhecimento às pessoas que trabalharam com ele. Embora talvez não seja o que os outros esperariam:

> **"Quando publicar minhas descobertas, não esquecerei suas contribuições. Claro, não posso mencioná-lo em meu discurso ao receber o Nobel, mas, quando eu escrever minhas memórias, você pode esperar uma nota de rodapé muito efusiva, e talvez uma cópia autografada."**

6. A NOITE DAS FLORES DE PENNY

Sheldon pode ser uma peça-chave em qualquer equipe de trabalho, contanto que se compreenda que ele se converterá automaticamente no diretor do projeto. Claro, essa é a decisão lógica, visto que não existem motivos para não se querer que ele, o mais inteligente do grupo, assuma o comando. Na verdade, que Sheldon decida ser parte de um projeto deveria ser motivo de alegria, pois despertar seu interesse significa que você está fazendo algo interessante. Isso é o que ocorre quando Leonard explica que tem a ideia de realizar um aplicativo para celulares que possa resolver equações de forma rápida.

> **"Vou evitar a dor e o nervosismo de esperar pela resposta. Concordo em ser parte do seu projeto. Parabéns."**

Claro que Sheldon não perguntou se Leonard quer que ele seja parte de sua equipe de trabalho. Afinal, seria uma pergunta retórica. Quem não iria querer Sheldon trabalhando em seu projeto? A questão é que, não bastasse Leonard ter problemas com a presença de Sheldon, ele quer dirigir o projeto porque considera que a ideia foi sua. Claro, essa atitude não faz sentido para Sheldon. O projeto do aplicativo deveria ter como mentor a pessoa mais inteligente do grupo. É pelo bem do próprio projeto!

Por isso Sheldon se apresenta no dia seguinte com uma detalhada explicação sobre os passos que deveriam dar para tornar realidade o aplicativo, bem como um organograma no qual Sheldon é o chefe do projeto, e os demais têm posições inferiores:

> **Howard: Por que estou listado como seu assistente executivo?**
>
> **Sheldon: Porque a palavra "secretário" ganhou uma má reputação. Para sua informação, o aniversário da minha mãe está chegando. Preciso que você compre um presente para ela.**

Sheldon também se oferece para retocar o *design* inicial de Leonard ("Posso oferecer 27 pequenas modificações para torná-lo ligeiramente menos embaraçoso?"), mas ele, farto de Sheldon, o expulsa do projeto. A decisão não poderia ser mais equivocada. O projeto do aplicativo acaba sendo realizado, e alguns cientistas fazem o *download*, mas os amigos não viram milionários.

Se houvesse deixado que Sheldon liderasse o projeto, talvez a história tivesse tido outro final. Ao contrário de Leonard, Penny deixou nas mãos dele seu projeto, que consistia em vender adornos para cabelo chamados Flores de Penny. Sheldon ensinou a ela tudo o que sabia, a começar por uma maneira de aumentar sua produtividade baseada na linha de montagem de Honoré Blanc, e incorporando uma canção de marinheiros para que o serviço se desenrolasse de forma mais eficaz. Rapidamente, Penny percebe que assim eles trabalham muito melhor.

É então que Leonard, Howard e Raj decidem participar no projeto, mas Sheldon continua à frente como líder da operação. Graças a seus dotes de líder, os amigos criam uma página na internet para vender *on-line* as Flores de Penny, e logo recebem um pedido, que conseguem realizar graças à disciplina de Sheldon, que não permite nenhuma distração e mantém todos (incluindo ele mesmo) trabalhando incansavelmente durante toda a noite. Seus métodos poderão ser questionados, mas o que não se pode negar é que o projeto do aplicativo teve pouca repercussão, enquanto as Flores de Penny foram um sucesso absoluto. Na verdade, ainda é possível comprar uma visitando pennyblossoms.com.

7. UMA PARTIDA DE *PAINTBALL*

Todos os fins de semana, os rapazes dedicam uma manhã a jogar *paintball*. Conhecemos esse esporte de simulação bélica no qual duas equipes disputam um terreno disparando uma na outra balas com armas de ar comprimido que contêm projéteis carregados de tinta. Talvez seja a única atividade física que Sheldon, Leonard, Howard e Raj realizem, embora quase nunca tenhamos visto os quatro saírem do galpão em que se refugiam quando são rodeados pelo adversário. Quando saem dali normalmente é para se render.

Eles estão acostumados a voltar para casa com manchas de tinta em todo o uniforme. E não se trata de falta de habilidade. Os rapazes também perdem mesmo mudando a configuração da equipe. Inclusive com Penny em seu time acabaram perdendo. O problema é que não conseguem se coordenar. Ou como expõe Sheldon: "Somos aniquilados por nossa incompetência e a incapacidade de algumas pessoas em seguir a cadeia de comando".

O *paintball* faz com que, com frequência, as pequenas rixas que existem no grupo saiam à luz, e por isso os amigos acabam disparando uns contra os outros, seja pelas costas ou de frente. O caso é que ninguém dirige nada. Sheldon sabe do que a equipe precisa: de ordens claras e concisas. Afinal, um esporte é a tradução, em forma de atividade física, das dinâmicas que existem no trabalho.

Por isso, Sheldon insiste em que os outros permitam que ele lidere a batalha como único caminho para saírem vitoriosos do enfrentamento contra os demais departamentos da universidade. "Para funcionar melhor como uma unidade de combate, achei que deveríamos estabelecer uma cadeia de comando. Agora nem é preciso dizer que tenho uma posição acima da de vocês três, mas a pergunta seria: quão mais alto? Certo, não me vejo como um general de quatro estrelas, no QG, atrás de uma mesa, e jogando golfe com o Secretário de Defesa. Mas tampouco me vejo como o sargento Cooper, porque isso poderia levá-los a pensar em mim como um soldado qualquer", expõe enquanto pensa nas possibilidades.

Leonard, Howard e Raj o ignoram, tal como fazem no trabalho. Mas dessa vez Sheldon está disposto a demonstrar que é um bom líder. Porque, embora seus amigos acreditem que tudo o que ele quer é dirigir o grupo, na realidade o que Sheldon deseja é o melhor para a equipe. Sua inspiração é o Capitão Kirk, ou seja, alguém disposto a fazer tudo pelos seus. Só alguém com essa mentalidade se sacrificaria pelo bem dos demais, e é isso o que faz Sheldon quando sai do galpão, sobe em um morro e grita:

> **"Geologia não é uma ciência de verdade!"**

E então as balas de tinta do inimigo começam a cair sobre ele, que dispara sem piedade, um impacto atrás do outro, até que conseguem derrubá-lo. Ao ver Sheldon caído, Leonard, Howard e Raj saem do galpão disparando como possessos, inspirados pelo sacrifício de Sheldon, e no final ganham pela primeira vez uma batalha de *paintball*.

Desse modo, é verdade que Sheldon não parece ser um jogador de equipe. E não é mesmo. No entanto, ele é um grande líder, capaz de fazer o que for necessário para conseguir a vitória. Se há alguém que vale a pena escutar é a pessoa capaz de tomar as decisões corretas para vencer. Embora pareça arrogante, quando decide alcançar um propósito, seja no *paintball*, seja no trabalho, Sheldon é invencível.

8. A KRIPTONITA DE SHELDON

O S é de Sheldon, não de Super-Homem. Mas, como qualquer outro herói, ele também tem seu ponto fraco. Já sabemos que quando existe um ponto fraco, aparece um vilão para aproveitar. Em seu dia a dia no trabalho, Sheldon encontrou personagens que tornaram sua vida impossível porque sabem atacar onde mais dói: são capazes de corrigir seu trabalho científico e ficarem cheios de si. A primeira a fazer isso foi Leslie Winkle, que decidiu sair com Leonard e deixar Sheldon maluco.

SHELDON: Ela é minha arqui-inimiga.
LEONARD: Arqui-inimiga?
SHELDON: O Dr. Doom do meu Sr. Fantástico. O Dr. Octopus do meu Homem-Aranha; o Dr. Sivana do meu Capitão Marvel.
LEONARD: Entendi.
HOWARD: É incrível quantos supervilões têm diplomas avançados. As universidades deveriam monitorar melhor seus estudantes e expulsá-los.

A guerra entre Sheldon e Leslie começou quando ela se atreveu a corrigir uma fórmula da lousa de Sheldon, o que ele descobriu assim que se levantou para tomar o café da manhã. Alarmado porque alguém tinha tocado em sua lousa, Sheldon logo descobriu o culpado: a nova companheira sexual de Leonard, que assumiu a culpa sem nenhum problema e, além do mais, ressaltou que tinha conseguido solucioná-la. Não há nada pior que se possa fazer a Sheldon: tocar suas coisas e corrigir seu trabalho ao mesmo tempo!

Bom, há algo pior, sim: ao ser questionada por Sheldon, que lhe pede explicações, Leslie foi capaz de responder e deixá-lo sem palavras. Algo que ela faz habitualmente.

Sheldon: Não vou até sua casa e mexo na sua lousa.
Leslie: Não há equações incorretas na minha lousa.
Sheldon: Oh, isso é tão... tão...
Leslie: Desculpe, preciso ir embora. Se você pensar em algum adjetivo, me manda por SMS.

Claro que, se há alguém especialista em atormentar Sheldon, esse é Barry Kripke. Esse físico com problemas de pronúncia ocupou o lugar de Leslie como arqui-inimigo de Sheldon quando o derrotou em uma batalha de robôs na qual não teve piedade (descanse em paz, M.O.N.T.E.). Desde então, Kripke não perdeu nenhuma oportunidade para rir de Sheldon e humilhá-lo em público. Kripke o ridicularizou quando sua expedição ao Polo Norte fracassou e o apanhou numa pegadinha muito pesada ao fazê-lo consumir hélio de forma involuntária para que sua voz se parecesse com um apito em sua conferência na rádio. Com o tempo, Sheldon conseguiu diminuir as suas disputas com ele, porque no final Kripke não é má pessoa, somente se nega a aceitar as regras de Sheldon, como por exemplo o fato de Sheldon ter um lugar só dele no sofá.

Sheldon: Esse é o meu lugar.
Kripke: Oh, você tem um lugar especial... Que tipo de doido você é?

No entanto, a disputa continua. Os dois são os físicos mais brilhantes do Caltech e estão sempre competindo. Seja para herdar o escritório do professor Rothman, seja para impor suas respectivas teses em uma pesquisa na qual são obrigados a trabalhar juntos.

9. WHEATOOOOOOOOOOOOOON!

Mas, se existe alguém na face da Terra que mereça o qualificativo do arqui-inimigo de Sheldon é, sem nenhum tipo de dúvida, Wil Wheaton (ou melhor: Wheatooooooooooooon!). Não é por acaso que Sheldon é o proprietário das páginas wilwheatonstinks.com, .net e .org. A história entre eles vem de longe, pois inicialmente Sheldon era fã de Wil Wheaton. Ele era o ator que interpretava Wesley Crusher, o personagem favorito de Sheldon de *Jornada nas Estrelas*. A predileção de Sheldon por Wesley Crusher se deve ao fato de o personagem ter memória eidética como ele; e além disso adorava sua interpretação (embora mais tarde negará isso afirmando que Wheaton é um mau ator).

Sheldon era tão fã de Wil Wheaton que, quando soube que ele visitaria uma convenção para fãs de *Jornada nas Estrelas* em Jackson, Mississipi, não pensou duas vezes para realizar uma árdua viagem de ônibus de sua casa, no Texas. Seu objetivo: que o ator autografasse seu boneco de Wesley Crusher. No entanto, depois de Sheldon enfrentar horas no ônibus (com tudo o que isso significa para Sheldon, que não suporta andar em veículos sem a segurança adequada) e uma longa fila, Wil Wheaton não compareceu ao evento. Nesse momento, Sheldon se sentiu enganado.

Mas a vida daria a ele uma oportunidade de se vingar de Wil Wheaton, quando descobriu que ele participaria do torneio de cartas de Mystic Warriors of Ka-ah que Stuart organizava em sua loja. Sheldon se uniu a Raj para participar, apesar de não ter nenhum interesse pelo jogo. Seu único objetivo era derrotar Wil Wheaton e desse modo se vingar dele. Assim que começou o torneio Sheldon revelou suas intenções ao ator.

SHELDON: bortaS bIr jablu'DI' reH QaQqu' nay!
WHEATON: Aquele cara acabou de falar "a vingança é um prato que se come frio" em Klingon?

Algumas citações de The Wrath of Khan mais tarde, ambos se enfrentaram na grande final. Sheldon arrasou sem problemas na partida, mas antes de ganhar se deu o prazer de explicar a Wheaton por que desejava se vingar dele. Foi seu grande erro, pois Wil Wheaton disse que não pôde ir à convenção porque sua avó acabara de falecer. Nesse momento Sheldon (que tem uma relação tão especial com a própria avó) se sentiu mal. Incapaz de realizar sua vingança, deixou que Wil Wheaton ganhasse. Esse, ao se levantar, revelou que havia mentido e que não existia nenhuma avó. A revelação enfureceu Sheldon, pois se sentiu duplamente traído e enganado.

Wil Wheaton se aproveitara de sua capacidade para mentir. Não podemos esquecer que, no final das contas, ele é um ator. Essa é possivelmente a arma mais eficaz contra Sheldon, pois, como já mencionamos, ele se perde no terreno da mentira. Wil Wheaton sabe disso e usa a mentira para enganar Sheldon várias vezes. Por isso derrota-o novamente no duelo no boliche (na qual a equipe de Sheldon se chama The Wesley Crushers) e quase repete o feito na projeção de *Indiana Jones* (quando Sheldon consegue vencê-lo pela primeira vez roubando a fita, indo contra os próprios princípios).

No final, é o próprio Wil Wheaton que assina a paz com Sheldon e dá a ele um boneco de Wesley Crusher como pedido de desculpas. Sheldon aceita, encantado, pois no fundo nunca deixou de ser seu admirador. No entanto, Brent Spiner aparece e abre a caixa do boneco diante de um horrorizado Sheldon, convertendo-se automaticamente em seu novo arqui-inimigo, queira ou não. "Você já assinou algo, Brent Spiner: seu nome na minha lista", diz Sheldon. "De agora em diante, você é meu inimigo mortal!" Spineeeeeeeeeeeer!

10. TODA A VERDADE SOBRE MATRIX

Sheldon enfrentou vários arqui-inimigos em seu trabalho, mas o mais terrível ainda está por chegar. E Sheldon teme o dia em que ele haverá de aparecer, porque então será seu fim. Afinal, há anos Sheldon goza do prestígio de ser o físico mais brilhante e promissor do Caltech; mas o que acontecerá quando chegar alguém mais jovem e superar seus méritos? Toda a vida de Sheldon se baseia em sua carreira profissional, que por sua vez está baseada no fato de que ele está destinado a ganhar o Prêmio Nobel de Física.

Mas e se Sheldon não for o Escolhido? E se Neo ainda estiver por chegar? Poderia aparecer outro cientista em sua época que fosse melhor do que ele? Esse é o seu maior temor, e esse pesadelo se torna realidade quando Sheldon conhece Dennis Kim, um adolescente de 15 anos que já realizou seu doutorado e superou os méritos de Sheldon:

Sheldon: Você ganhou o Stevenson Award?
Kim: Ganhei. Na verdade, sou a pessoa mais jovem a ganhá-lo.
Leonard: Sério? Com quantos anos?
Kim: Catorze e meio.
Leonard: (para Sheldon) Você já foi a pessoa mais jovem a ganhá-lo. É como olhar para um espelhinho insolente, não é mesmo?

Logo Sheldon descobre que Dennis Kim é mais inteligente que ele. Tanto que inclusive corrige parte de seu trabalho sem muito esforço, o que leva Sheldon à depressão. Agora toda a sua pesquisa deixou de fazer sentido. Ele não tem nenhum motivo para continuar trabalhando se esse jovem prodígio vai eclipsá-lo num estalar de dedos. Kim em poucas semanas começará a trabalhar no mesmo departamento que ele.

Gablehauser: O sr. Kim concordou em se unir a nós na universidade.
Sheldon: Claro que sim. O Oráculo nos contou que o pequeno Neo era o Escolhido. Consegue ver a Matrix, não?

Sheldon fica completamente abatido. O trabalho na universidade, a que dedicava quase todo seu tempo, se converteu em algo que não vale a pena fazer. A partir daquele momento ele será um cientista a mais, como Raj, Howard ou Leonard. Precisamente esse último olha fixo para ele. "Você sempre soube que algum dia alguém mais jovem e mais inteligente iria aparecer", diz Leonard para animá-lo. Sheldon explica: "Sabia, mas imaginei que eu estaria morto há centenas de anos quando acontecesse, e que haveria um asterisco ao lado do nome dele, porque seria um ciborgue."

Mas Sheldon ainda tem uma oportunidade. Contra todos os prognósticos, Dennis Kim abandona a festa em sua homenagem e descarta fazer parte do Caltech. O motivo? Ele descobre que é muito melhor sair para se divertir com garotas do que passar a juventude trancado em um escritório elaborando teorias que expliquem o Universo. No final, Kim não era Neo, o Escolhido. Pode ser que seja Sheldon ou que ele ainda esteja por chegar. O caso é que Sheldon tem via livre para recuperar sua posição, coisa que faz com entusiasmo:

> **“Não se preocupe, eu assumo a partir daqui. Senhoras e senhores, honradas filhas. Enquanto o sr. Kim, por causa de sua juventude e ingenuidade, caiu presa da inexplicável necessidade de contato humano, deixe-me garantir que minha pesquisa vai continuar ininterrupta e que relacionamentos sociais continuarão a me desconcertar e repugnar. Obrigado.”**

PARTE V

SOFT KITTY, WARM KITTY

Sheldon e o amor

1. GRUPO DE DUNGEONS & DRAGONS

Uma mente científica não é a única coisa que Sheldon, Leonard, Howard e Raj têm em comum. Todos sabem que os quatro dividem gostos que os situam no ponto oposto dos rapazes mais populares de qualquer escola. Dessa forma, não é difícil imaginar que viveram a mesma adolescência que vive qualquer rapaz interessado em fazer parte de um grupo de RPG, ou seja: uma adolescência à sombra dos membros do grupo de esportes ou do grupo das líderes de torcida. Porque, verdade seja dita, é literalmente impossível estar entre os mais *cool* do mundo para alguém que dedica horas de seu dia a jogar Dungeons & Dragons.

Qualquer um que já teve nas mãos um dado com mais de seis lados, e passou longas jornadas de duras batalhas contra trolls explorando grutas nas quais ocorreram matanças que ainda tenta esquecer, sabe bem disso. Os membros de um grupo de RPG pensam em formato de arquivo, somam pontos em formato de experiência, levam em conta a pontuação em cada habilidade antes de tomar uma decisão... e não são precisamente ases no que se refere a relações sociais. Sobretudo se essas relações sociais têm algo a ver com membros atraentes do gênero oposto.

SHELDON: Cavalheiros, concentração, por favor.
RAJ: Não sei se quero continuar jogando.
SHELDON: Por que não tem namorada? Bom Deus! Se isso fosse uma razão para não jogar Dungeons & Dragons, esse jogo estaria em sérios apuros.

Sheldon, Leonard, Howard e Raj fazem parte desse grupo, com tudo o que isso implica. Não é possível ir subindo de nível com seu elfo rastreador e, ao mesmo tempo, ser o cara com quem todas as garotas querem sair. Mas o que veio primeiro? Os RPG ou a timidez? Quer dizer, eles começaram a jogar porque eram tímidos ou ficaram tímidos porque começaram a jogar? Talvez se trate das duas coisas ao mesmo tempo. É lógico que, ao se sentirem intimidados pelos mais populares do colégio, eles tenham optado por se afastar e formar um pequeno grupo de amigos com os quais dividem o gosto pela fantasia. E ao mesmo tempo, quanto mais se dedicarem a esse pequeno universo fantástico, mais difícil será criar alguma possibilidade de sobreviver entre os mais populares. Quer dizer, o fato de ser parte do Clube Dungeons & Dragons os deixará mais tímidos.

Sheldon e companhia se divertem muito com suas disputas noturnas, suas visitas à loja de gibis e suas maratonas de videogames. Mas, enquanto isso ocorre, as possibilidades de encontrar uma garota estão lá fora (fora do apartamento, quero dizer), perdidas, porque eles veem pela enésima vez a primeira temporada de *Battlestar Galactica*.

No seio de todo grupo de amigos parecido com o de Sheldon encontraremos duas atitudes recorrentes: a de Sheldon, que está encantado com seus gostos e que adora se reunir com seus amigos e jogar uma partida de Halo; e a de Leonard, que também se diverte, mas que não consegue evitar pensar que gostaria de sair um pouco mais, tentar conhecer gente nova e, quem sabe, talvez conhecer uma garota atraente, doce, simpática e carinhosa... que queira sair com ele. Por isso, quando Penny se muda para o apartamento em frente, tem início uma crise que fará com que nossos *geeks* se envolvam na missão mais difícil que já enfrentaram até então. Preparem seus escudos, afiem suas espadas, deem brilho à réplica do Um Anel que está na estante com a coleção de livros de J. R. R. Tolkien, porque Sheldon, Leonard, Howard e Raj vão encarar essa coisa tão terrível chamada amor.

2. O SANTO GRAAL DE LEONARD

Penny é uma deusa caída do céu para Leonard. Desde o primeiro momento, ele se apaixona por ela. Alguns dirão até que está obcecado. Para ela, ele é só o novo vizinho. Mas, para ele, ela é o amor de sua vida. Essa diferença de interesse entre ambos vai se manter durante toda a relação e é a chave para explicar por que Leonard fica obcecado dessa maneira. Pois Penny tem muitas virtudes, mas nenhuma que qualquer outra garota não possa ter. Na verdade, o que faz Leonard desejar Penny é ela ser a imagem da garota popular. É loira, sexy, divertida, relaxada e, claro, sai com rapazes atléticos e tão atraentes quanto ela.

Dito de outro modo: Penny está fora do alcance de Leonard, joga em outra divisão. É inalcançável. E Leonard sabe disso, mas persegue mesmo assim esse Santo Graal de forma incansável. Talvez precisamente porque sabe que é impossível que ela se interesse por ele. O que Leonard pretende ao perseguir Penny? Talvez seu objetivo seja fazer parte do grupo dos populares. (Se começasse a sair com Penny, ele também seria, por extensão, alguém atraente. Do contrário, por que ele sairia com ela?) Desse modo, sair com Penny é uma maneira de conseguir a aceitação dos que o marginalizam.

E pode ser que Leonard queira, na verdade, isso: ele não deseja se comprometer em uma relação. Talvez não seja suficientemente maduro para ter uma namorada de verdade. Se fosse, ele optaria por uma garota como Stephanie, que quer um namoro sério com ele e se mostra disposta a amá-lo desde o primeiro instante. Em vez de Stephanie, no entanto, Leonard opta por Penny, apesar de saber que não a conseguirá. Dito de outro modo: ele está escolhendo não ter uma relação.

Para Sheldon, os motivos não importam. Só o que interessa é não ter de escutar os lamentos de Leonard cada vez que o amigo deparar com uma situação que o faça ver que Penny não dá a mínima para ele. Por isso, tenta ser realista e mostrar as coisas como são.

LEONARD: Nossos filhos serão inteligentes e lindos!
SHELDON: Sem mencionar, imaginários.

Sheldon entende tudo perfeitamente: Leonard está dando esperanças a um tipo de fantasia que é absurda. Pois, por mera questão antropológica, Penny está destinada a sentir atração por tipos que são o oposto de Leonard. "Se isso acontecesse há 1.500 anos, por causa de seu tamanho e força, Kurt teria direito de escolher primeiro as suas parceiras", explica a Leonard, quando esse observa o ex-namorado de Penny. "Sim, mas nossa sociedade passou por uma mudança de paradigma. Na Era da Informação, você e eu somos os machos alfa."

Mas Leonard se equivoca. Vivemos na sociedade da informação, mas isso não significa que os impulsos mais primários do ser humano tenham mudado. Penny continua se sentindo mais atraída por rapazes como Kurt ou Zach, do mesmo modo que Leonard se sente atraído por Penny, em vez de outras garotas que talvez não se encaixem tanto (por aparência) nos ideais de beleza da sociedade atual. Desse ponto de vista, e para variar, Sheldon acerta em cheio. É um casal que dificilmente funcionará porque os instintos de ambos vão em direções equivocadas. Em certo momento, no entanto, Penny aceitará sair com Leonard, mas fará isso por motivos equivocados (ele é um bom rapaz, que cuida dela), e sempre terá a sensação de que falta algo ao estar com ele, porque não sente o fogo da paixão. E Leonard não conseguirá ser feliz ao lado de uma garota que está realmente apaixonada por ele. Porém, Leonard não se importa, porque acredita, sem sombra de dúvida, que conseguirá alcançar o Santo Graal.

3. CARREGANDO O SOFÁ

E como Leonard conseguirá o amor de Penny? Demonstrando que ele vale a pena. Ou pelo menos esse é o seu plano. Leonard desde o primeiro momento parece disposto a se converter em um grande apoio para ela, aceitando fazer todo tipo de favor. A mensagem está clara: "Pode contar comigo, eu faço o que for por você, comigo você vai ficar bem" etc. Assim, não é estranho que logo depois de trocarem meia dúzia de frases, Leonard se veja envolvido na missão de ir para a casa de Kurt, o ex-namorado de Penny, e conseguir que ele devolva a televisão dela. Claro, a missão acaba sendo um completo desastre.

PENNY: Desculpe. Achei que, se vocês fossem no meu lugar, ele não seria tão estúpido.

LEONARD: Não, era uma hipótese válida.

SHELDON: Uma hipótese váli... O que está acontecendo com você?

Sheldon começa a observar uma mudança em seu amigo. A mente de Leonard, habitualmente racional e lógica, está fazendo uma translação para o balbucio e a incoerência. Basta que esteja na frente de Penny para que seus neurônios deixem de funcionar com normalidade. Há algo que se desconecta e converte Leonard em uma espécie de vassalo à espera das ordens da dama. E ela não hesita em aceitar favores. Dessa forma, no dia seguinte, eles se veem carregando um enorme sofá pelas escadas do edifício, tarefa que exige deles um grande esforço. E Sheldon não se furta a questionar Leonard a respeito:

SHELDON: Você entende que nossos esforços aqui não irão aumentar as chances de você ter sexo com essa mulher?

Leonard nega que esse seja seu objetivo, mas todos sabemos que está mentindo. Sob o pretexto de ser um bom vizinho, ele continua prestando todo tipo de favores a Penny. Seja instalar a televisão e seu aparelho de som, configurar sua impressora ou convidá-la para jantar (esse último é tão frequente que Howard e Raj brincam sobre o tema, dizendo que às vezes gostariam de ser garota para comer sem pagar). E são coisas que Leonard faz por Penny porque acredita que, no longo prazo, terá uma recompensa.

Como se fosse pouco, não é a primeira vez que isso ocorre com Leonard. Sabemos de pelo menos uma experiência similar no colégio, quando ele passou dois anos fazendo os deveres e os trabalhos de uma garota enquanto ela ia para festas e se embebedava. "Lá está você, segurando a cabeça dela na privada enquanto ela vomita e diz como gostaria que mais caras fossem como você. Então ela entra na Cornell porque você escreveu uma dissertação para ela e, quando você vai visitá-la um fim de semana, ela age como se nem o conhecesse", lembra-se.

No fundo, Leonard alimenta a crença de que, se estiver sempre disponível e ajudando Penny, ela, cedo ou tarde, entenderá que ele é um bom candidato para ser seu namorado. É uma crença que tem origens no amor cortês medieval, no qual o amante demonstrava seu amor através de todo tipo de sacrifício. A ideia que se escondia por trás dessa maneira de ver o amor é que ela (Penny) é uma deusa intocável, e que ele (Leonard) deve fazer grandes atos de amor para compensar o fato de não estar à sua altura. No entanto, essa ideia parte de duas premissas equivocadas: para começo de conversa, Leonard está à altura de qualquer pessoa; e, como Sheldon logo se encarrega de explicar, Leonard está se baseando em uma equivalência que não tem nenhum fundamento, pois não há nenhuma lei que diga que carregar o sofá de Penny ou realizar qualquer outro ato de heroísmo por ela fará com que, como recompensa, ela aceite seu amor.

4. O VERDADEIRO HULK

Leonard continua obcecado por conquistar Penny, apesar dos vários namorados dela – de Kurt a Mike, de Mike a David, de David a Zach – e de ela não dar muita bola para ele. E, por conta disso, Leonard continua fazendo o papel do vizinho perfeito. Sem se dar conta, Leonard vai se consolidando em sua posição de amigo, e o sonho de que Penny se interesse por ele vai se desfazendo pouco a pouco – o que origina os posteriores momentos depressivos de Leonard, que, cada vez que vê Penny com outro, volta para casa infeliz e se joga no sofá sob o olhar atônito de Sheldon, que tenta resolver a situação à sua maneira. Ou seja, preparando chá.

Sheldon insiste várias vezes em mostrar que Leonard está vivendo uma ilusão. E tem toda a razão. Se Leonard continua obcecado por Penny é só porque cria motivos para continuar em sua fantasia. Cada pequena atitude de Penny, cada palavra amável dela, é convertida por Leonard em algo mais. E, graças a essas frases supostamente ambíguas, Leonard mantém a ilusão de que Penny possa querer algum dia sair com ele. No entanto, ela se comporta com ele do mesmo modo como com qualquer outro amigo, nada mais.

Se observarmos a maneira como Penny atua, de modo totalmente objetivo, veremos que ela nunca mostra um interesse especial por Leonard. Chama-o de "docinho", mas também fala assim com os outros rapazes. Na verdade, se nos ativermos aos fatos (e não ao que Leonard queria que acontecesse), observaremos claramente como Penny está procurando um rapaz que não tem nada a ver com Leonard. Ela sai com diversos rapazes, mas nunca propõe um encontro com Leonard. Com ele só conversa na escada e jantares em seu apartamento (mas junto com os amigos de Leonard).

Mas o pior da situação é que, enquanto Leonard está obcecado por Penny, não se dá conta das garotas com as quais poderia ter uma relação feliz e recíproca. Surgem muitas oportunidades de namoro para Leonard, mas ou ele não percebe que as jovens estão ali (como pode fazer isso se só tem olhos para Penny?), ou acaba descartando-as porque prefere continuar perseguindo o amor fictício de Penny. Por exemplo, o amor real oferecido por Stephanie, que tinha a aprovação de Sheldon. Ele é o primeiro a animar Leonard a procurar outra namorada diferente de Penny, e tenta mostrar que talvez ela não seja o amor de sua vida.

Leonard: Você não pode simplesmente substituir alguém que você gosta por outra pessoa qualquer.

Sheldon: Lembra como fiquei chateado quando eles colocaram Edward Norton como Hulk?

Leonard: Sim, você ficou andando uma semana falando: "Sheldon infeliz com escolha de atores."

Sheldon: Mas então Mark Ruffalo interpretou Hulk em *Os Vingadores* e ele foi ainda melhor.

Leonard: Aonde você quer chegar?

SHELDON: Pode me chamar de romântico. Gosto de pensar que seu Mark Ruffalo ainda está aí fora, em algum lugar.

Pela vida de Leonard passaram muitas mulheres: Leslie, Priya, Elizabeth, Stephanie, Alice... Com algumas, a relação não podia funcionar, mas houve outras a quem Leonard não deu nenhuma oportunidade. Talvez sua obsessão por Penny não permita que veja outras garotas com as quais seria mais feliz, tal e qual assinala Sheldon. A última dessas candidatas é precisamente Alex, a nova assistente de Sheldon, que logo se interessa por Leonard, embora ele não perceba. A essa altura, Leonard já está namorando Penny, mas em sua relação, longe de ser perfeita, se instala a rotina. Talvez ele devesse deixar de forçar as coisas. Talvez o verdadeiro Hulk de Leonard ainda precise aparecer.

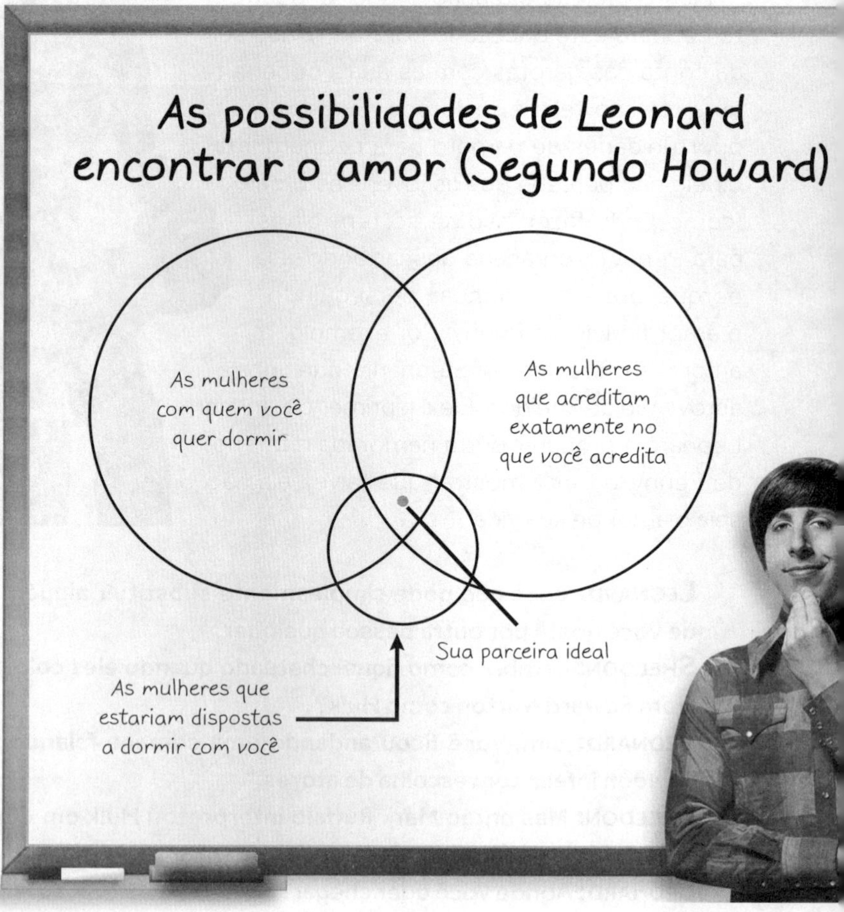

5. APAIXONADOS POR SIRI

Sheldon não aprova a maneira como Leonard coloca a questão do amor. De fato, é uma assunto que o incomoda completamente. Só houve uma ocasião em que o vimos entusiasmado com um relacionamento amoroso. Foi quando Raj começou a estabelecer uma peculiar relação com a voz de seu celular, à qual decidiu chamar Siri e que logo humanizou, e passou a ter longas conversas com ela, apesar de, na realidade, não ser nada mais que um software programado por engenheiros.

SHELDON: Benfeito, dr. Koothrappali.
RAJ: Como assim?
SHELDON: Você deu um grande passo evolucionário ao abandonar a interação humana e permitir se unir romanticamente a uma máquina sem alma. Parabéns.
RAJ: Não me uni a ela.
SHELDON: Oh, não, claro. Eu entendo. Você tem medo de que o mundo não esteja pronto para seu tabu amoroso. Seu segredo está seguro comigo. É só um telefone.

Quando se trata de amor, Sheldon tem a mesma atitude que mantém em qualquer outra faceta que tenha a ver com o contato com outros seres humanos: quanto menos tiver, melhor. Por isso, celebra qualquer forma que permita estabelecer essa distância, como as redes sociais ou qualquer outro tipo de relação humana tecnológica. Tampouco vê com maus olhos a relação que Howard tem com alguns dos habitantes do mundo de World of Warcraft ou com seu braço mecânico. E já chegou a sentir falta dos tempos em que Leonard ainda não conhecia Penny e não queria ter uma namorada humana. "Sinto saudade dos velhos tempos, quando suas parceiras românticas podiam ser devolvidas à videolocadora", diz em certa ocasião ao ver Leonard se afundar de novo no sofá.

Sheldon não consegue compreender os esforços de Leonard para seduzir Penny. Em primeiro lugar, porque não vê neles uma metodologia efetiva, nem que possuam uma hipótese com uma mínima base lógica ("Não foi Einstein que definiu a loucura como fazer a mesma coisa várias vezes e esperar um resultado diferente?"); e em segundo lugar porque não entende por que Leonard despende tanto esforço para conseguir algo que para ele tem tão pouca relevância e resolveria de uma forma mais prática.

> **Parece muito trabalho para conseguir ter relações. Você não tem acesso a mulheres que fariam isso por dinheiro?**

O desinteresse de Sheldon é tão absoluto que até Penny sente curiosidade de suas inclinações no terreno do amor. "Preciso perguntar. Qual é a de Sheldon?", ela questiona. "Honestamente, trabalhamos sob a hipótese de que a dele é nenhuma", responde Leonard. De fato, seus amigos têm várias teorias a respeito. Em nenhuma existe a possibilidade de uma parceira. Em uma sugerem que Sheldon vai clonar a si mesmo depois de um banquete de comida tailandesa; e em outra indicam que pode ser que um dia ele acabe se reproduzindo pondo um ovo de onde aparecerão centenas de Sheldons.

O certo é que Sheldon não descarta em absoluto a possibilidade de se reproduzir e ter filhos, mas como um fato puramente científico que não tem nada a ver com o sexo. Na verdade, ele considera as relações amorosas um obstáculo para sua vida como cientista, pois tira tempo para o verdadeiramente importante, que é sua pesquisa, à qual dedica sua vida. Essa é a única crítica que faz a Albert Einstein, seu cientista favorito: "Se ele não tivesse sido um safado, já teríamos máquinas do tempo!"

6. SHELDON COOPER SAI PARA NAMORAR

Sheldon não vê nenhum sentido em todo o ritual de sair para conhecer garotas, e não tem nenhum interesse nisso. Acha uma perda de tempo e que a humanidade não é eficiente nesse terreno comparando como funcionam os casais há décadas. Dessa forma, Sheldon não entende as reclamações de Raj a respeito da ideia de seus pais de organizar seu casamento com Lalita Gupta, algo que parece uma ideia muito melhor para Sheldon do que, por exemplo, o sistema de Leonard, que consiste em esperar que sua atraente vizinha, Penny, perceba que ele existe.

> **A ideia do amor romântico como base para o casamento surgiu apenas no século XIX. Até então, casamentos arranjados eram a norma, e isso serviu muito bem para a sociedade.**

O pensamento de Sheldon sobre como ter sucesso no terreno amoroso se baseia em fatos históricos e biológicos. Ao contrário da visão de Leonard e companhia, está fundamentado na objetividade. Por exemplo, algo que repete com frequência é que as mulheres serão irremediavelmente atraídas pelo homem alfa. Esse é o motivo que faz Penny sair com tipos como Kurt, porque são os líderes da manada. Para que Leonard tenha sucesso com os membros do sexo oposto, deve conseguir essa posição.

Por isso, Sheldon tem a seguinte ideia: ele fingirá que não consegue abrir um frasco de geleia e depois o dará a Leonard, que poderá abri-lo sem problemas. "Isso vai estabelecê-lo como o macho alfa. Quando uma mulher presencia uma exibição de domínio físico, ela produz o hormônio ocitocina. Se os dois então têm relações, isso vai criar a reação bioquímica no cérebro que as pessoas leigas interpretam ingenuamente como 'se apaixonar'." Sheldon também valoriza bastante a presença de feridas ou marcas de guerra, que identificam claramente o macho alfa como o guerreiro que protege as mulheres.

Como Leonard está longe de ser o macho alfa, Sheldon aconselha que procure um lugar onde a concorrência seja mínima. Quer dizer, fica proibido de sair para conhecer garotas em bares.

> **LEONARD: Não vou tentar conhecer uma mulher em um bar.**
> **SHELDON: Sábia decisão. O sucesso num bar está baseado nos clássicos atributos masculinos como altura, força, atratividade, capacidade de segurar um copo e jogar dardos, separadamente ou juntos. Leonard não tem nenhum desses atributos.**

Um bom lugar para conhecer garotas seria a loja da Apple, onde Leonard pode fingir ser o atendente e ajudar as clientes bonitas. Como o atributo desejado nesse contexto são os conhecimentos informáticos, Leonard se converte ali em um homem desejável perante os verdadeiros atendentes da loja, que são bastante incompetentes. O mesmo acontece com outros contextos favoráveis a Leonard, como a Comic-Con ou a loja de gibis de Stuart, onde é improvável, mas não impossível, conhecer garotas (ali ele conheceu Alice).

Em relação a Sheldon, seu interesse por garotas é nulo. Até onde vimos, ele só saiu para conhecer garotas uma vez, e como um favor a Raj, que em troca de acompanhá-lo a uma reunião de alunos ofereceu diversos artigos relacionados com quadrinhos. O mais curioso da questão é que, apesar de seu desinteresse, Sheldon conseguiu conhecer uma garota chamada Martha, que ficou interessada nele. Provavelmente, e embora de forma inconsciente, ao ignorar a presença da jovem, Sheldon estava imitando uma atitude típica do macho alfa: estar por cima de todos, inclusive das garotas que estão perto. Sem perceber, Sheldon demonstrou de forma empírica a própria teoria, mas, fiel à ciência, e quando já está com a garota em casa se despede dela e vai dormir.

7. PRAZER EM CONHECÊ-LA, SRA. HOFSTADTER

Os amigos de Sheldon, e em particular Penny, questionam com frequência Sheldon sobre a pouca curiosidade que ele sente pelas mulheres, mas isso acontece pelo simples fato de que ele não as acha intelectualmente estimulantes. E isso porque, do ponto de vista puramente científico – que é a maneira como ele vê o mundo –, o amor e o sexo são dois temas chatos que carecem de todo tipo de mistério.

"Conheço a forma como os humanos costumam se reproduzir, que é bagunçada, pouco saudável e, baseando-me na experiência de viver perto de você por três anos, envolve altos e desnecessários apelos a uma deidade", explica a Penny, que exclama, "Oh, meu Deus!". Do mesmo modo não tem nenhum interesse em beijar uma mulher, pois é uma prática que vê como anti-higiênica. Sheldon fica alarmado quando bebe equivocadamente do copo de Leonard porque esse está sempre beijando Priya, que vem da Índia, e se pergunta quantos germes podem ter sido transmitidos de seu país para a boca da jovem, e depois para a boca dele, em seguida para o copo e, enfim, para seu organismo.

Além disso, essa é uma área na qual não há nada novo para descobrir:

> **"Sabemos tudo o que há para saber sobre beijos. Exigem 34 músculos faciais e 112 músculos posturais."**

No entanto, Sheldon Cooper já beijou, embora talvez devêssemos dizer que foi beijado. Ele teve os lábios de uma mulher colados aos seus e, embora não esperasse por isso, tampouco podemos dizer que não teria pensado na pessoa em questão como uma possível namorada. Estamos falamos da mãe de Leonard.

SHELDON: Sinto-me muito confortável perto de você.
BEVERLY: Eu me sinto muito confortável perto de você, também.
SHELDON: É surpreendente, porque eu não costumo me sentir confortável perto de... bem, de ninguém.
BEVERLY: Nem eu.
SHELDON: Quais as chances de dois indivíduos tão únicos quanto nós nos conectarmos através de alguém comparativamente tão comum como seu filho?
BEVERLY: É uma questão retórica ou você gostaria de fazer os cálculos?
SHELDON: Eu gostaria de fazer os cálculos.
BEVERLY: Eu também.

Embora Sheldon experimente repulsa pelo contato físico com outros seres humanos, sente-se atraído do ponto de vista intelectual por Beverly, com quem se sente inesperadamente bem. Há tantas coisas em comum entre os dois que isso desperta em Sheldon, pela primeira vez, a vontade de manter contato com alguém; no caso, Beverly. Ambos passam a manter contato periódico através de e-mails e se informam de suas respectivas vidas; e parte dessa relação surge do fato de que Sheldon admira o trabalho acadêmico de Beverly, a quem considera uma pessoa brilhante. Frequentemente diz a Leonard que ele não valoriza o bastante sua mãe e tudo o que ela colocou à sua disposição.

Ao mesmo tempo, Sheldon e Beverly compartilham uma persistente alergia às emoções, pois os dois têm mentes analíticas cujo material idôneo é a lógica e a razão. Os problemas que Sheldon tem com

Leonard são os mesmos enfrentados por Beverly, que não pode suportar os lamentos de seu filho e suas constantes necessidades emocionais. Não é estranho então que, ao se encontrarem, os dois tenham a sensação de que foram feitos um para o outro. Se não fossem cientistas, na certa já teriam declarado amor eterno um pelo outro; mas nenhum dos dois pode perder tempo com bobagens.

8. SE SPOCK FAZ...

Todo o mundo sabe que há pelo menos duas maneiras de induzir Sheldon a concordar em fazer algo que, na verdade, ele não quer fazer. A primeira é assegurar de que se trata de uma convenção social; a segunda é afirmar que os personagens de *Jornada nas Estrelas* fazem aquilo. Howard e Raj não puderam apelar à primeira quando desejaram convencer Sheldon a ir a um encontro com uma mulher que localizaram graças a um serviço de encontros *on-line*, porque Sheldon sabe muito bem que não há nenhuma convenção que o obrigue a isso.

Mas podiam apelar à figura de Spock:

RAJ: Até Spock tinha um encontro a cada sete anos.
SHELDON: Ele não tinha um encontro. Era o *pon farr*. Seu sangue fervia com desejo de se acasalar.
HOWARD: Bom, por que não começar com uma xícara de café, e você poderá *pon farr* Amy Farrah Fowler mais tarde.

A intenção de Howard e Raj é se divertir à custa dele. Como seria Sheldon em um encontro? O que não imaginavam é que ele acabaria aceitando o desafio e se encontraria frente a frente com Amy. Howard e Raj preencheram um formulário com todas as características de personalidade, gostos e opiniões de Sheldon, incluindo o fato de que ele acredita que os algoritmos das páginas web para marcar encontros "são uma completa besteira"; e a parceira ideal indicada para ele foi Amy. Mas parece que a web não fez de todo mal seu trabalho, visto que Amy é, até o dia de hoje, o mais próximo que Sheldon chegou de um relacionamento amoroso.

Apesar de a perspectiva de Sheldon em um encontro ter tudo para ser um desastre absoluto (sabendo que Sheldon se sente desconfortável nas relações pessoais, a situação de um encontro, no qual a intimidade entre ambos os participantes é grande, é no mínimo uma armadilha mortal), a estratégia acaba funcionando. Ele e Amy têm muitos pontos em comum; alguns até disseram que Amy é a versão feminina de Sheldon, o que é fator-chave para ele, que na verdade sempre sentiu muito amor por si mesmo.

> **"A necessidade de encontrar outro ser humano para compartilhar a vida sempre me intrigou. Na certa porque sou tão interessante sozinho."**

Ao contrário do esperado, Sheldon acaba gostando da companhia de Amy. No segundo encontro, em um restaurante, Penny tenta fazer com que eles se conheçam melhor, procurando levar a conversa ao que é típico de um encontro, mas nenhum dos dois precisa disso. Ambos se divertem muito analisando com cifras a vida sexual de Penny, como se fosse um experimento científico compartilhado, diante do olhar desconcertado dela, que não pode acreditar que, a partir de agora, terá de lidar com dois Sheldons em vez de um.

Em muitos sentidos, Amy acaba sendo a companheira perfeita para Sheldon, pois ela divide sua paixão pela ciência e pelo conhecimento. Os dois fazem pequenas brincadeiras que os divertem enormemente, como o de criar hipóteses históricas, que Sheldon não poderia jogar com nenhuma outra pessoa (Leonard fica muitíssimo aborrecido com suas charadas científicas no carro). Enquanto os amigos de Sheldon vivem a ignorá-lo porque ele os cansa, Amy escuta tudo o que Sheldon diz (e até se interessa por sua série de vídeos no YouTube sobre bandeiras!). Por seu lado, Sheldon considera interessantíssimas muitas das opiniões de Amy e gosta de passar muito tempo conversando com ela, especialmente *on-line*. Será então verdade que Sheldon encontrou o amor?

9. A HISTÓRIA DE PIERRE E MARIE

Marie conheceu Pierre em 1894. Ela era uma física brilhante, estudante na Universidade de Sorbonne graças a uma bolsa de estudos. Ele, também físico, era seu professor. Os dois começaram a trabalhar juntos no laboratório e, um ano mais tarde, Pierre se declarou; ambos se casaram e dedicaram sua vida à ciência e ao amor. O casal realizou estudos sobre as radiações de urânio, e seus descobrimentos lhes renderam o Prêmio Nobel. No entanto, Pierre morreu jovem, atropelado por uma carruagem. Marie continuou trabalhando toda a vida, até que veio a falecer em decorrência de sua exposição às radiações, que fazia parte de sua pesquisa.

Sua história é trágica e romântica ao mesmo tempo, e Amy não pode evitar se identificar com ela quando pensa na própria história com Sheldon. Amy vê a si mesma trabalhando com ele de forma incansável, ganhando as maiores distinções científicas. E ao mesmo tempo imagina os dois se entregando um ao outro nas artes do amor. Diz Amy:

> **"Podemos ser como Marie Curie e seu marido, Pierre, que passaram dias trabalhando lado a lado no brilho do amor e do rádio, que acabou por matá-la. Dane-se *A Bela e a Fera*, essa é a história de amor que a Disney deveria contar."**

A parte da ciência interessa a Sheldon, mas a parte do amor já é outra história. Apesar de gostar de conversar com Amy sobre todo tipo de tema, e de que ela o ajude com suas pesquisas, ele quer que sua relação fique ali. Para Sheldon, trata-se mais de uma colega. Diz Sheldon:

> **"Sim, tenho uma amiga chamada Amy Farrah Fowler. Sim, ela é mulher. Sim, temos nos comunicado diariamente, mas não, ela não é minha namorada."**

Essa barreira permanece intacta, separando-o de qualquer tipo de vínculo amoroso. Sheldon está disposto a considerar coisas em que outros homens demorariam muito tempo para pensar (como ter um filho), mas por motivos científicos. Qualquer outra coisa cuja motivação seja amorosa (pegar a mão, dar um beijo) repugna Sheldon, que, quando se dá conta de que as intenções dela vão além, tenta desaparecer do mapa apagando todos os seus perfis em redes sociais e até alterando o número do edifício em que vive.

Sheldon não tem problemas em explicar que sua relação com Amy é uma relação da mente. Para ele, é muito melhor que as relações românticas que tem o resto de seus amigos. Afinal, é completamente racional e não inclui rituais absurdos, troca de fluidos ou desastres emocionais se a história não acaba bem. Assim, quando quase se produz a ruptura, assegura que se encontra perfeitamente bem:

> **"Meu relacionamento com Amy era puramente intelectual. Não havia ligação emocional, cujo corte poderia causa algum desconforto. O relacionamento simplesmente extrapolou sua utilidade, e estou seguindo com minha vida como antes."**

No entanto, a ruptura não foi tão bem como ele queria aparentar. Sheldon encheu a casa de gatos ("Gatos são companheiros maravilhosos. Eles não argumentam ou questionam minha autoridade intelectual"), e depois acabou voltando com ela. Na verdade, embora continue rechaçando qualquer tipo de ligação com Amy, quando ela decidiu se afastar dele (por exemplo, saindo com Stuart), Sheldon voltou a procurá-la de imediato. Chegou a ponto de pedir com todas as letras que ela fosse sua namorada, e Amy aceitou. Então, talvez seja verdade que a história de Sheldon e Amy não seja tão diferente da de Pierre e Marie.

10. UM NOVO CONTRATO

Se Sheldon vai acomodar Amy em sua vida, vai precisar de um novo contrato. Como tudo que tem a ver com seu ambiente, a relação entre os dois precisa estar sujeita a algumas regras nas quais se marque tudo o que implica essa nova relação. E assim nasce o Acordo de Relacionamento, redigido de forma unilateral por Sheldon e assinado de forma imediata por Amy, que declarou ter sido a coisa mais romântica que já fizeram por ela. Atualmente sua relação baseia-se nesse contrato, que inclui múltiplas cláusulas.

Mas as normas do Acordo de Relacionamento são um pouco diferentes das do Acordo de Convivência. No contrato da amizade, basicamente é Sheldon quem põe limites e condições, através de normas, ao comportamento de Leonard – que se queixa com frequência que ele não interveio em nenhum momento em sua redação, e que seus interesse não foram incluídos no documento. Por outro lado, o contrato do casal reconhece, como ponto de partida, que os interesses de ambas as partes devem ser contemplados, por se tratar de um contrato de consenso.

Sheldon poderia ter feito um contrato unidirecional, mas é consciente de que ceder faz parte do que significa ser um casal e que para que a história com Amy funcione deve incluí-la nas regras. Assim, o Acordo de Relacionamento inclui algumas coisas que para Sheldon são necessárias e desagradáveis, como um encontro oficial que precisa acontecer periodicamente ou a possibilidade de dar as mãos, e inclusive um abraço. Em troca, Amy é obrigada por contrato a cuidar dele, levá-lo para realizar as atividades que forem necessárias e cantar o *soft kitty, warm kitty, little ball of fur* [gatinho macio, gatinho quentinho, bolinha de pelo] quando ele quiser.

Contra todos os prognósticos, Sheldon demonstra um conhecimento sobre o mundo dos casais maior do que se supunha. O novo contrato funciona muito bem. No entanto, Amy cada vez quer mais da relação e logo insistirá em fazer coisas que não estão incluídas nas normas do Acordo de Relacionamento, como relações sexuais. Algo que Sheldon resolveu através da negociação. "Proposta: uma noite selvagem de amor tórrido que acalme minha alma e deixe meu lombo em fogo", propõe Amy. "Contraproposta!", exclama Sheldon. "Acaricio gentilmente sua cabeça e falo: 'Ah, como a Amy é boazinha'."

No entanto, essas negociações são cada vez mais habituais. Sobretudo no que se refere ao compromisso de ambos como casal e à consolidação de sua relação.

> **Amy: Com nossos amigos avançando em seus relacionamentos, eu decidi que devemos progredir no nosso também.**
> **Sheldon: Oh, meu Senhor. Há dois anos, nós nem nos conhecíamos, e agora estou no seu apartamento à noite. Como isso poderia ir mais rápido?**

Cada vez que Sheldon evita a pressão de Amy, ela fica brava, o que o obriga a pedir desculpas, algo que já sabemos que não é precisamente seu ponto forte.

Howard: Mulheres, hã? Não dá para viver com elas, não dá para refutar suas hipóteses.

Sheldon: Amém a isso.

Sheldon tenta lidar com as irritações de Amy como pode (compra-lhe uma tiara como pedido de desculpas, recita trechos de *Homem-Aranha* para acrescentar um pouco de romantismo à sua vida), mas, no final, não tem nem ideia de como funcionam as mulheres. Por mais que seja um cientista brilhante, há mistérios do Universo que continuam sendo indecifráveis.

INNER SPACE
OUTER SPACE
ARTICLE EXPLOSION
Heavy Quark Physics
ANEESH V. MANOHAR
AND
MARK B. WISE
Heavy Quark Physics

SHELDONÁRIO

Nesse capítulo, os números dentro de parênteses – por exemplo, (1x03) – significam, respectivamente, a temporada e o episódio em que aparece a cena de que se fala no texto.

Age of Conan

Videogame MMORPG (RPG *on-line* multimassivo) baseado no universo de Conan, o personagem criado pelo escritor Robert E. Howard. Conan, o Bárbaro, é um herói de referência no gênero da espada e da bruxaria cujas primeiras histórias foram publicadas na revista *Weird Tales*, em 1932, e que foram adaptadas para livros, quadrinhos, filmes (o primeiro, muito conhecido, foi protagonizado pelo jovem Arnold Schwarzenegger), série de animação e, claro, videogames. Age of Conan é um dos videogames mais populares do personagem e permite aos jogadores entrar no universo de Conan, os Reinos Hiborianos, através de um personagem de criação própria. Sheldon joga com frequência o Age of Conan, e seu personagem se chama Sheldor, o Conquistador. Em uma ocasião, Penny experimentou o jogo e, para surpresa de todos, se converteu em um autêntica viciada (2x03) a ponto de se descuidar de seu aspecto físico. Ela o abandonou quando percebeu que estava fazendo o mesmo que seus vizinhos *geeks*. Os rapazes jogam outro MMORPG chamado World of Warcraft (ver *World of Warcraft*).

Albert Einstein

Físico de origem alemã cujas descobertas o converteram em um ícone popular da ciência. É um dos físicos favoritos de Sheldon, como demonstra o fato de ter uma imagem dele na mesa de seu escritório (6x09). Albert Einstein formulou a teoria especial da relatividade, o que o tornou conhecido aos 26 anos de idade. Einstein foi o primeiro físico a contradizer o conceito de espaço-tempo absoluto estabelecido por Isaac Newton, e por sua vez propõe uma ideia relativa do espaço e do tempo. Não há um espaço absoluto, nem um tempo absoluto, mas um conjunto espaço-tempo relativo no qual um depende do outro. Albert Einstein chegou a essa conclusão a partir dos estudos que observavam que a velocidade da luz é invariável em todos os sistemas de referência inerciais, o que permitiu estabelecer a equivalência entre massa e energia ($E = mc^2$).

Albert Einstein publicou a teoria da relatividade especial em 1905, quando ainda era um jovem físico quase desconhecido, enquanto trabalhava na Oficina de Patentes de Berna. Sheldon acredita que o fato de ter um trabalho tão rotineiro fez com que a mente de Einstein tivesse a liberdade necessária para divagar e fazer sua descoberta. Por isso, quando se encontra atolado na própria investigação, Sheldon decide trabalhar na Cheesecake Factory (3x14), um trabalho igualmente sem graça e rotineiro.

Pouco depois da publicação da teoria da relatividade especial, Albert Einstein começou a pensar em como incorporar a gravidade em seu novo marco relativista. Assim, em 1916 apresentou a teoria da relatividade geral, com suas equações de campo. Essas equações especificam como a geometria do espaço e do tempo está influenciada pela matéria presente. Graças a essas equações foi possível assentar as bases para a descrição das etapas finais de um colapso gravitacional e objetos como os buracos negros.

Em 1917, e traindo pela primeira vez os próprios cálculos, Einstein acrescentou uma modificação à sua teoria para que se adaptasse à ideia, geral naquele tempo, de um universo estático. Para isso, ele acrescentou às suas equações uma constante cosmológica que compensasse o efeito da gravidade. Em 1929, no entanto, o trabalho de Hubble (ver *Telescópio Hubble*) e outros demonstrou que nosso universo está se expandindo. Einstein definiu então a constante cosmológica como o maior erro de sua vida. No entanto, a ciência determinou recentemente que em parte ele tinha razão, um fato que Sheldon utiliza para justificar o fracasso de sua investigação dos monopolos (3x01), insinuando que seus erros, como os de Albert Einstein, também serão considerados acertos no futuro.

A única crítica que Sheldon faz a Albert Einstein é à sua vida sexual, que era muito ativa, o que segundo Sheldon o impediu de fazer maiores descobertas. "Se ele não tivesse sido um safado, já teríamos máquinas do tempo" (4x22). Essa referência à vida sexual do cientista é repetida mais adiante, quando Leonard se fantasia de Albert Einstein para ir à festa da loja de Stuart e passa a noite fazendo sexo às escondidas com Penny (6x05).

Alexander Graham Bell

Inventor britânico a quem, durante décadas, foi atribuída a invenção do telefone. Na realidade, foi o primeiro a patenteá-lo, pois o inventor do aparelho foi o ítalo-americano Antonio Meucci. No entanto, acabou sendo Graham Bell, que também trabalhava na transmissão do som junto a seu ajudante Watson, que conseguiu patentear o invento e introduzi-lo na comunidade científica. Sua demonstração na exposição do centenário da Filadélfia, em 1876, foi notícia dos jornais de todo o mundo. Bell fez demonstrações do telefone a importantes personalidades, como a rainha Vitória I, do Reino Unido, que qualificou o invento de "extraordinário". A companhia telefônica de Graham Bell foi criada em 1877, e dez anos mais tarde, em 1887, mais de 150 mil norte-americanos tinham telefone. Quando seu uso começou a se popularizar, Graham Bell sugeriu a palavra "ahoy" como forma padrão para atender uma ligação. Sheldon atende ao telefone utilizando essa expressão (5x08), fazendo referência à saudação proposta pelo inventor britânico, embora finalmente a forma que acabou se popularizando entre o público tenha sido "alô", sugerida por Thomas Edison. O verdadeiro inventor do telefone, Antonio Meucci, acabou arruinado depois de um processo legal no qual se viu lutando contra os próprios advogados, pressionados pelo poderoso Graham Bell. Sua autoria só foi reconhecida oficialmente em 2002.

Anos Incríveis

Série de televisão norte-americana muito popular, na qual o protagonista, Kevin Arnold (interpretado por Fred Savage), lembra de forma nostálgica como passou da infância à adolescência no cenário dos Estados Unidos dos anos 1960. Na série, assumem um papel primordial o melhor amigo do protagonista, Paul (interpretado por Josh Saviano), e a vizinha Winnie (interpretada por Danica McKellar), por quem o protagonista era loucamente apaixonado. A série fez parte da juventude dos rapazes de *The Big Bang Theory* e, quando procuram o membro que falta para sua equipe do Torneio de Física, Raj propõe recrutar "a garota de *Anos Incríveis*" (1x13). A proposta não avança.

No entanto, os roteiristas guardam a ideia, e mais adiante a atriz Danica McKellar aparece na série interpretando Abby, uma garota com quem Raj consegue ficar em um encontro universitário graças à ajuda de Sheldon (3x12). Mas Danica McKellar não é a única mencionada como candidata a unir-se à equipe do Torneio de Física. Raj também menciona "a garota de *Blossom*" (1x13). A garota em questão é a atriz Mayim Bialik, que acabará interpretando Amy e convertendo-se no encontro às cegas de Sheldon e depois sua não namorada (3x23).

Aquaman

É um super-herói da DC Comics criado por Paul Norris e Mort Weisinger que se destaca por sua capacidade de respirar debaixo d'água e nadar a grande velocidade, além de conseguir se comunicar telepaticamente com qualquer tipo de animal marinho. É descrito como o soberano sob o mar e vive em um templo da cidade mitológica de Atlântida, que afundou no oceano. Apesar de ser membro fundador da Liga da Justiça, Aquaman é um dos super-heróis que pior envelheceu com a passagem do tempo, sendo um pouco ridículo para os leitores de hoje, como sempre lembra Raj, que se compara com o personagem. "Se fôssemos a Liga da Justiça, eu seria o Aquaman", diz queixando-se de que sempre é a última opção para seus amigos (3x20). A associação entre Raj e Aquaman se repete em várias ocasiões. Raj se fantasia de Aquaman no concurso da loja de Stuart (4x11) e, quando compram um boneco do Aquaman, ele fica com Raj. Na verdade, ele tenta apagar o pênis que alguém desenhou no boneco, relacionando a homossexualidade implícita do personagem de Raj com a do Aquaman (3x17). Também vale a pena apontar que Leonard tem cuecas do Aquaman (2x20).

Aristóteles

Faz parte das lições de física elementar que Sheldon oferece a Penny (3x10). Ele explica a contribuição do filósofo grego na concepção do Universo. Contra a crença prévia de que a Terra era plana, Aristóteles propôs a existência de uma Terra de forma esférica, que, por sua vez, é o centro de um cosmos também esférico e finito. Essa concepção do Universo foi mantida durante vários séculos, até o século XVI, quando Copérnico (ver *Nicolau Copérnico*) propôs o Sol como centro do Universo.

Arquimedes

Matemático grego, físico, engenheiro e astrônomo, um dos cientistas mais importantes da antiguidade clássica. Foi o inventor de múltiplos artefatos e máquinas inovadoras, embora provavelmente tenha passado à história pela maneira como inventou um método para determinar o volume de um objeto com uma forma irregular. Segundo conta a história, Hierão II tinha encomendado uma nova coroa e queria saber se era realmente feita de ouro ou se, pelo contrário, o ourives misturara prata na liga. Arquimedes devia resolver a dúvida sem fundir a coroa. Pensava ele em como resolver o problema quando, ao tomar um banho, notou que o nível da água subia na banheira quando ele entrava. Assim compreendeu que esse efeito podia ser usado para determinar o volume da coroa. Pois essa, ao ser submersa, deslocaria uma quantidade de água igual ao próprio volume, e com o volume poderia obter a densidade da coroa e compará-la com a do ouro. Sheldon lembra essa história quando Zach explica como ficou com uma garota na jacuzzi (4x17). Enquanto Stuart e Kripke pensam na garota, Sheldon lembra Arquimedes e insiste em contar a história, apesar de que sua audiência está interessada em outros assuntos.

Babylon 5

É uma série de televisão criada por J. Michael Straczynski que mostra um futuro no qual o planeta Terra se dividiu em cinco civilizações (os humanos, os minbari, os narn, os centauri e os vorlon), que mantêm tensões e hostilidades entre si. Há apenas um lugar onde a paz é possível: a estação espacial Babylon 5, lugar neutro no qual as diferentes civilizações podem resolver suas questões, e que também funciona como asilo político para todo tipo de cidadão. Seus roteiros incluíam temas como as tensões raciais, pressões sociais, rivalidades políticas e cultos religiosos. A série enfatizava especialmente o desenvolvimento de seus personagens e tinha a peculiaridade de que cada temporada cobria um ano na vida de seus protagonistas. *Babylon 5* é uma das séries favoritas de Leonard, mas Sheldon não a suporta. "É um fracasso como drama/ficção científica, e é tristemente derivativa", afirma (3x15). Cada vez que Leonard quer ver *Babylon 5*, eles discutem (3x22).

Batman

É um personagem criado por Bob Kane e Bill Finger e propriedade da DC Comics que se caracteriza por não ter poderes, ao contrário da maioria dos super-heróis. Sua verdadeira identidade é Bruce Wayne, um empresário multimilionário e filantropo. Depois de ser testemunha, na infância, do assassinato de seus pais, Wayne decide combater a delinquência em Gotham City. Batman conta com a ajuda de vários aparatos tecnológicos. Na verdade, Sheldon acredita que, com o capital adequado, ele próprio poderia ser Batman (2x01), cuja voz sabe imitar muito bem, e tem entre seus planos futuros a aquisição de um Batmóvel, que está em sua lista de meios de transporte legais (3x19) e para o qual reserva sua vaga de estacionamento na universidade (6x09).

Batman também conta com a assessoria de seu mordomo, Alfred, que guarda o segredo da identidade do super-herói. Leonard tenta fazer um paralelismo entre a relação Batman-Alfred e a usa com Sheldon para que ele aceite guardar um segredo (4x06). No entanto, Sheldon não aceita a analogia porque ele quer ser Batman, e não Alfred. O companheiro de Batman na luta contra o crime é Robin. Na verdade, Sheldon centra sua coleção de gibis em Robin, enquanto a coleção de Howard se centra em Batman (2x20). A importância de Robin é objeto de debate entre Sheldon e Stuart (2x20). O primeiro defende que Dick Grayson, o Robin original, é o sucessor legítimo do capuz de Batman. Por outro lado, Stuart acredita que ao se converter em Nightwing (um super-herói com a própria série) Dick Grayson perdeu o privilégio, e que agora o sucessor legítimo de Batman é o segundo Robin, Jason Todd.

O grande arqui-inimigo do Batman é o Coringa, que tem uma risada maléfica que Leonard tem como melodia no celular. No apartamento eles também têm um frasco de bolachas com a forma de Batman que contém Oreos (5x06), e que foi um presente de Leonard a Sheldon para compensar o fato de que eles o expulsaram de sua equipe no Torneio de Física (1x13). Sheldon aceita o presente, encantado, e cria uma equipe alternativa. Sheldon também é o afortunado possuidor do autógrafo de Batman, ou pelo menos isso é o que aparece em seu cartão de membro da Honorária Liga da Justiça da América, que possui desde os 5 anos (1x08). Em seu tempo livre, Sheldon constrói seu Batsinal (5x13), utilizando a tecnologia da universidade. Em uma ocasião, Howard se fantasia de Batman, e Raj, de Mulher-Gato (3x19), uma escolha intencional, pois ambos os personagens sentem entre si uma forte atração sexual. Em uma ocasião, Penny também se fantasia de Mulher-Gato (1x06). Sheldon revela que sua atriz favorita para interpretar a Mulher-Gato é Julie Newmar, seguida por Michelle Pfeiffer, Eartha Kitt, Lee Meriwether e Halle Berry (2x01). Essa última é a favorita de Howard, que tem em seu quarto um pôster do filme no qual a atriz protagonizou como Mulher-Gato.

Batman foi adaptado para o cinema por vários diretores. Entre eles, Sheldon tem ódio de Joel Schumacher e declara que ele está em quinto lugar em sua lista de inimigos "porque quase destrói a franquia de Batman" (3x05). Por outro lado, tem uma boa lembrança do Batman televisivo que foi transmitido nos anos 1960 e se caracterizava pelo estilo pop e alguns finais de episódio que sempre deixavam o personagem principal em uma situação limite. Em certa ocasião Sheldon e companhia encontram na rua o ator que o interpretava, Adam West, e ao segui-lo descobrem uma loja que vende todo tipo de inutilidades a bom preço (3x17).

Battlestar Galactica

É uma nova versão da série dos anos 1970 com o mesmo nome. Não se trata de um *remake*, mas de uma reimaginação, pois a nova *Battlestar Galactica* só herda a base inicial da série clássica, que situa o espectador no final de uma guerra entre a humanidade e os cylons, máquinas que eles mesmos criaram e que finalmente se rebelaram contra seus criadores. É uma das séries favoritas de Sheldon, que claramente se identifica mais com os frios e perfeitos cylons que com os imperfeitos humanos. Na verdade, ele tem uma torradeira que imprime a cara de um cylon no pão e se dedica a fazer uma torrada atrás da outra "até que haja o suficiente para destruir todos os humanos" (3x06) (piada com referência: em *Battlestar Galactica*, os humanos chamam os cylons de torradeiras).

Em *Battlestar Galactica* os protagonistas utilizam a expressão *frak* (em vez de *fuck*), que Howard utiliza em algumas ocasiões (2x03). Howard também acredita que Sheldon fará amigos com maior facilidade quando os cylons tiverem invadido a Terra (2x13), afirmando que se entenderia melhor com os robôs. Por sua parte, Howard tem uma obsessão por Katee Sackhoff (ver *Katee Sackhoff*), a atriz que interpreta Starbuck em *Battlestar Galactica*, que é uma *habituée* de suas fantasias sexuais, nas quais se imagina com ela na banheira (3x09).

Outro ator de *Battlestar Galactica* que apareceu em *The Big Bang Theory* foi Michael Trucco, que interpretou David Underhill, um físico muito atraente que consegue impressionar Penny e Leonard (2x11).

Sheldon gosta tanto de *Battlestar Galactica* que, quando precisa escolher entre abrir seu TiVO para ampliar o disco rígido ou apagar a segunda temporada da série, opta por abrir o aparelho apesar da resistência que sente por ficar sem a garantia do fabricante (2x17). E também apesar de já ter visto a segunda temporada em duas ocasiões (1x01). Por último, é preciso lembrar que Leonard tem uma roupa de *Battlestar Galactica* (1x09) e também um boneco de um cylon, que destrói com o *laser* de seu laboratório em uma ocasião em que está bravo com Penny (3x12).

Além da série central, *Battlestar Galactica* conta com filmes para TV, minisséries e webséries que ampliam seu universo. Entre elas, uma série prequela chamada *Caprica* (ver *Caprica*).

Benedict Arnold

General da Guerra da Independência dos Estados Unidos que lutou com o exército continental norte-americano até que desertou para unir-se à armada britânica. Sua intenção era entregar o comando do forte de West Point (Nova York) ao inimigo em troca de uma posição e uma grande quantidade de dinheiro. Finalmente, suas intenções foram descobertas, o que evitou que os britânicos se apoderassem de uma zona-chave, mas Benedict Arnold conseguiu fugir. Lutou com o exército britânico o resto da guerra, e passou a ser considerado traidor do próprio país. Por isso, quando Leonard decide que levará Penny ao CERN, em vez de escolher Sheldon, ele compara Leonard ao traidor Benedict Arnold (3x15).

Benjamin Franklin

Quando Penny vê os rapazes saindo armados com pipas, pergunta se saem à rua para descobrir a eletricidade (3x06), em uma clara referência, embora incorreta, ao trabalho de Benjamin Franklin. O próprio Sheldon a corrige imediatamente: "Se estiver se referindo ao trabalho de Benjamin Franklin, ele não descobriu a eletricidade, ele determinou que os raios consistem de eletricidade", afirma empunhando sua pipa. No entanto, faz sentido que Penny tenha pensado em Benjamin Franklin, pois ele utilizou as pipas para demonstrar que as tormentas eram fenômenos elétricos. Para isso, numa noite de tempestade colocou no ar uma pipa com uma ponta metálica amarrada a um fio de seda em cujo extremo havia uma chave metálica.

Franklin sustentava a pipa com outro fio de seda. Quando se concentraram, as nuvens de tormenta e o fio começaram a dar mostras de carga elétrica, pois as fibras se repeliam. Franklin colocou o nó perto da chave, e saltaram chispas. Desse modo, ele conseguiu carregar uma garrafa de Leiden, um recipiente de vidro que armazenava cargas elétricas. A garrafa de Leiden carregada com eletricidade do céu se comportava exatamente igual a como se tivesse sido empregada eletricidade terrestre. Eram idênticas. A descoberta de Franklin foi essencial para a invenção do para-raios, pois logo se deduziu que, se uma vareta metálica pontiaguda fosse fixada no alto de um edifício e conectada ao solo, a carga elétrica do raio se descarregaria rapidamente e de forma silenciosa, sem causar danos.

Bertram R. Forer

Psicólogo norte-americano que provou, a partir de diversos estudos, que as pessoas têm tendência a aceitar descrições genéricas como suas sem se dar conta de que poderiam ser aplicadas a qualquer um... simplesmente porque querem acreditar nelas. Para fazer isso criou um experimento no qual entregou a um grupo de estudantes a descrição de personalidade de um signo zodiacal, tirado do jornal. Depois pediu que pontuassem de 0 a 5 quão bem ela os descrevia individualmente. O resultado da média foi de 4,2. Esse experimento se repetiu em diversas ocasiões desde 1948 e sempre deu como resultado 4,2, o que demonstra que, independentemente do texto e da pessoa, existe uma necessidade de acreditar que os horóscopos nos descrevem individualmente. Isso é o que se chamou efeito Forer e é a base que torna possível pseudociências e negócios como a astrologia, a grafologia, os testes de personalidade e a adivinhação. Sheldon fala do trabalho de Bertram R. Forer para afirmar que a astrologia é um engano pseudocientífico (1x16) quando Penny tenta analisar seu signo do zodíaco.

Big Bang

A teoria do Big Bang é o modelo geralmente aceito na atualidade pela comunidade científica para explicar a origem do Universo e seu desenvolvimento posterior a partir de uma singularidade espaço-temporal (a flutuação quântica do vazio). Esse modelo baseia-se em dois pilares estabelecidos no começo do século XX: a Relatividade Geral (segundo a qual a gravidade é uma distorção do espaço-tempo) e o Princípio Cosmológico (medida como média a grande escala, a matéria está repartida pelo universo de maneira homogênea). Da combinação de ambos os princípios se deduz que o Universo está em constante expansão. Apesar disso, essa ideia era considerada absurda, até que, em 1929, o astrônomo Edwin Hubble (ver *Telescópio* Hubble) observou que as galáxias exteriores à nossa Via Láctea se distanciavam de nós a uma velocidade proporcional a sua distância.

A primeira pessoa que propôs a ideia do Big Bang foi o físico, matemático, cosmólogo e sacerdote católico Georges Lamaître. Em 1930, depois de ter solucionado as equações de Einstein (ver *Albert Einstein*), Lamaître concluiu que o Universo devia ter se originado do que chamou inicialmente de "Átomo Primitivo". A partir de então, as sucessivas observações e cálculos permitiram deduzir que a expansão não foi regular, mas que houve um período inicial muito breve (só uma pequena fração de segundo) durante o qual o universo multiplicou seu volume por 1078 (o número 1 seguido de 78 zeros). O eco daquela explosão original pode ser percebido ainda na radiação cósmica de micro-ondas que permeia o Universo. Precisamente o estudo de sua distribuição, realizado em 2006 pelo satélite WMAP (Wilkinson Microwave Anisotropy Probe), permitiu fixar com grande precisão a idade do Universo: 13,75 bilhões de anos (como diz o tema de abertura da série: "Our whole Universe was in a hot dense state when nearly 14 billion years ago expansion started..." [Todo nosso Universo se encontrava em um estado denso quente quando há quase 14 bilhões de anos a expansão começou]).

Bill Gates

Cofundador da Microsoft e um dos pioneiros da revolução do computador pessoal, de meados dos anos 1970 aos anos 1980. Entre seus acertos se destaca o fato de ter sido um dos primeiros a incluir o mouse em seus projetos. Mas é conhecido ao redor do mundo por seu sistema operativo Windows, que em 1985 substituiu o MS-DOS e foi a base do império tecnológico que criou. Atualmente calcula-se que entre 90% e 95% dos computadores do mundo utilizam Windows, e Bill Gates é uma das pessoas mais ricas do planeta. Parte desse dinheiro foi destinada à filantropia, algo que Sheldon recriminou quando Gates visitou sua universidade para realizar uma conferência. "Talvez se não estivesse tão distraído com as crianças doentes na África, poderia ter melhorado o Windows Vista", espetou. Bill Gates respondeu dando um soco em Sheldon (4x17). O trabalho da Microsoft só piorou desde então, a partir da perspectiva de Sheldon como usuário. "Windows 7 é muito mais *user-friendly* do que o Windows Vista. Não gosto disso." (3x13).

Blade Runner

Filme dirigido por Ridley Scott em 1982, protagonizado por Harrison Ford e baseado em um relato de Philip K. Dick. Trata-se de um filme de ficção científica que constrói uma distopia (sociedade fictícia, embora plausível, que tem elementos que resultam aterrorizantes; é o oposto a uma utopia) na qual existem robôs orgânicos chamados replicantes que não podem ser distinguidos das pessoas. Criados pelo ser humano, são utilizados como força de trabalho nas colônias exteriores, mas seu uso na Terra está estritamente proibido. O protagonista do filme, Rick Deckard, é um *blade runner*, ou seja, um agente especial encarregado de capturar os replicantes que não obedecem à proibição. O filme se converteu em objeto de culto devido à sua estética, que foi copiada em dezenas de filmes, e à reflexão que faz sobre a relação entre máquinas e humanos, explorando as emoções dos replicantes e colocando assim em dúvida a singularidade dos homens. Existem várias versões do mesmo filme, e Leonard viu todas (1x16).

Bóson de Higgs

Foi objeto de uma longa busca no campo da física de partículas, como bem explica Sheldon (3x15) quando exige ser o acompanhante de Leonard em sua visita ao CERN (ver *CERN*). Em 4 de julho de 2012, o CERN anunciou a observação de uma nova partícula consistente com o bóson de Higgs, mas é preciso mais tempo e dados para confirmá-lo. Se sua existência fosse demonstrada, o modelo padrão de física de partículas estaria completo. Caso se demonstrasse que não existe, outros modelos propostos nos quais não se envolve o Higgs poderiam ser considerados. O bóson de Higgs recebe seu nome em honra a Peter Higgs, que propôs, juntamente com outros, em 1964, o hoje chamado mecanismo de Higgs para explicar a origem da massa das partículas elementares. Essa teoria sugere que um campo impregna todo o espaço e que as partículas elementares que interagem com ele adquirem massa.

Brent Spiner

Ator norte-americano conhecido por ter interpretado o personagem do androide Data na série *Jornada nas Estrelas: a nova geração* e seus quatro filmes derivados. O ator vai à festa organizada por Wil Wheaton (5x05), também ator de *Jornada nas Estrelas*, e se converte no novo inimigo mortal de Sheldon quando abre o pacote do boneco colecionável de Wesley Crusher que Will dá de presente a Sheldon em sinal de amizade.

Brian Greene

É um físico teórico norte-americano e um dos maiores defensores da teoria das cordas (ver *Teoria das Cordas*). É um dos descobridores da chamada simetria do espelho, embora seja mais conhecido entre o grande público por seus numerosos livros, nos quais explica ao público neófito conceitos da física teórica. Sheldon assiste à apresentação de seu último livro, *The Hidden Reality*, acompanhado por Amy (4x20), pois acha muito divertido como ele simplifica a ciência para sua audiência. "Você dedicou o trabalho de sua vida a educar a população em geral sobre ideias científicas complexas", diz Sheldon na hora das perguntas. "Já considerou tentar fazer algo útil? Talvez, ler para os aposentados." No entanto, posteriormente ele afirma não estar falando sério. "Só estou brincando. Grande fã."

Burrhus Frederic Skinner

Psicólogo norte-americano que escreveu controvertidos trabalhos nos quais propôs o uso extensivo de técnicas psicológicas de modificação de comportamento, principalmente o condicionamento operante, para melhorar a sociedade e incrementar a felicidade humana, como uma forma de engenharia social. Seu experimento mais conhecido é o das pombas, no qual encerrava várias pombas em uma caixa e as alimentava de forma rotineira sem que essas tivessem que se comportar de um modo concreto. No entanto, as pombas começaram a realizar condutas muito concretas, com a ideia de que seu comportamento teria como resultado a obtenção de comida. Isso levou Skinner a deduzir que era simples modificar a conduta dos sujeitos introduzindo um reforço positivo para uma conduta concreta. Sheldon utiliza as teorias de Skinner para modificar o comportamento de Penny (3x03). Faz isso dando-lhe chocolate como reforço positivo cada vez que ela faz algo como ele quer, sem que perceba.

Buzz Aldrin

É um engenheiro, doutor em ciências e astronauta da NASA aposentado. Foi a segunda pessoa a pisar na Lua em uma lendária missão da Apolo XI, logo depois do comandante da missão, Neil Armstrong. Após seu retorno da aventura espacial, Howard passa a falar a todo instante, sem cessar, sobre seu êxito como astronauta. Assim, Raj manda um vídeo para ele no qual é possível ver Buzz Aldrin contando obsessivamente às crianças sobre seu passado como astronauta (6x05). Desse modo, Howard percebe como está sendo patético.

Caprica

Série de televisão pensada como uma prequela de *Battlestar Galactica* (ver *Battlestar Galactica*) que apresenta o início da rebelião dos cylons. Apesar de incluir alguns dos personagens da série-mãe, *Caprica* não teve o mesmo sucesso que *Battlestar Galactica* e foi cancelada ao final de sua primeira temporada. Sheldon e companhia assistiram à série. Na verdade, Raj descobriu que Leonard tinha passado a noite com Priya quando esse contou que não vira o episódio da semana de *Caprica* (4x06) sem ter uma desculpa preparada.

Captain Future

É o protagonista de uma série de histórias de ficção científica publicada em diversas revistas *pulp* entre os anos 1940 e 1950. Criada por Mort Weisinger, a série teve a própria revista, com ilustrações de Earle K. Bergey, entre outros. Uma das capas da revista aparece em forma de pôster no apartamento de Sheldon e Leonard (à esquerda da porta). A história começa com o cientista Roger Newton, sua mulher Elaine e seu amigo e também cientista Simon Wright chegando à Lua, onde realizam experimentos em seu laboratório. Trabalhando juntos, criam um robô chamado Grag e um androide que pode mudar de formato chamado Otho. Seu destino muda com a chegada do maligno cientista Victor Kaslan, que assassina Roger e Elaine. Desse modo, seu único filho, Curtis, será criado graças a Simon, Grag e Otho. Com o tempo Curtis se converterá em um grande cientista e um grande atleta com forte sentido de responsabilidade. Ajudará as pessoas sob a identidade de Captain Future enquanto procura a maneira de prender Victor Kaslan e vingar definitivamente a morte de seus pais. No pôster ele aparece à direita, com roupa vermelha, com os seus inseparáveis Grag e Otho.

Carl Sagan

Defensor do pensamento cético científico (uma posição científica que questiona as pseudociências e, no geral, as afirmações que carecem de uma prova empírica suficiente) e partidário. Acima de tudo, do método científico, o que certamente garantiu a aprovação de Sheldon. Na verdade, Leonard e companhia mencionam que Sheldon tem uma ordem de restrição que o impede de se aproximar Carl Sagan (5x16), embora não especifiquem o motivo. Carl Sagan também foi defensor da busca de inteligência extraterrestre e impulsionou o envio de mensagens a bordo de sondas espaciais destinadas a informar possíveis civilizações extraterrestres acerca da cultura humana.

CERN

Fundado em 1954, o CERN (Organização Europeia para a Investigação Nuclear, tradução da sigla em inglês) é um dos centros de investigação mais importantes no mundo e um modelo de colaboração científica internacional. Atualmente, conta com 20 Estados membros, que compartilham o financiamento e a tomada de decisões na organização. O CERN se encontra entre a Suíça e a França, perto de Genebra, e tem o maior acelerador de partículas construído até o momento: o Large Hadron Collider, um acelerador próton-próton previsto para operar maior energia e luminosidade (serão produzidas mais colisões por segundo) de 27 quilômetros de circunferência. É financiado com a colaboração de 60 países. Graças a esse incremento em energia e luminosidade descobriu-se o esquivo bóson de Higgs (ver *Bóson de Higgs*). Leonard é convidado a visitar o CERN, mas não quer levar Sheldon consigo, embora seja seu sonho como cientista, pois prefere que Penny o acompanhe (3x15).

Charles Darwin

Charles Darwin foi um naturalista inglês do século XIX que propôs a teoria da evolução. Depois de cinco anos de expedição ao redor do mundo, recolhendo fósseis e observando espécies animais, Darwin chegou à conclusão de que todas elas tinham se ramificado a partir de antecessores comuns. Em seu livro *A Origem das Espécies*, publicado em 1859, estabeleceu que a explicação da diversidade observada na natureza se deve às modificações acumuladas pela evolução ao longo das sucessivas gerações. E embora essa teoria da evolução mediante uma seleção natural não tenha sido aceita antes de 1930, hoje é considerada a explicação primária do processo evolutivo. Para argumentar sua tese, Darwin cita o caso dos tentilhões das ilhas Galápagos. Suas 13 distintas espécies procediam de uma única originária do continente americano, que tinha adaptado seu bico e seu corpo às diferentes condições e dietas nas diferentes ilhas. Leonard recorre a essa teoria para explicar a Penny que, agora que está saindo com Priya, ela deveria se afastar dele. "Darwin observou que, quando dois grupos de tentilhões competiam pela mesma fonte de comida, no final uma delas acabava desenvolvendo um bico com formato diferente para poder se alimentar de outra coisa", explica (4x18). Nesse caso, o tentilhão que deve evoluir e procurar uma nova fonte de alimento é Penny, mas lamentavelmente ela parece não entender a indireta, muito sutil.

Colonizadores de Catan

Jogo de tabuleiro para vários jogadores criado em 1995 pelo alemão Klaus Teber. Os jogadores são conquistadores que estabelecem colônias na ilha de Catan. Para tal, constroem assentamentos, cidades e estradas conectando-as à medida que se apoderam da ilha, utilizando diversos recursos (como tijolos, madeira etc.) que estão representados por cartas, e que podem ser obtidos em função do tipo de terreno em que se encontram (representado pelo tabuleiro). Os jogadores podem trocar esses recursos se chegam a um acordo. Por esse motivo, quando todos jogam, Sheldon pergunta: "Agora, eu tenho uma ovelha, preciso de madeira. Quem tem madeira para dar pela minha ovelha?" (5x13) Ganha o jogador que alcançar primeiro os 10 pontos, que são marcados construindo e ampliando a colônia de cada um.

Comic-Con

Convenção anual de fãs de HQs, ficção científica e fantasia que acontece a cada verão em San Diego, Califórnia. É a maior convenção de seu estilo, e nos últimos anos cresceu com a inclusão de outros fenômenos culturais, como os videogames ou as séries de televisão (os atores de *The Big Bang Theory* participaram em várias ocasiões da Comic-Con, para apresentar novas temporadas da série). Sheldon e companhia visitam a cada ano a Comic-Con, sempre vestidos de personagens relacionados com o universo temático do evento (1x08, 2x02, 3x01), como a maioria dos participantes da feira.

Para eles, a Comic-Con é uma oportunidade para conhecer garotas que gostam das mesmas coisas. Ficar com elas é relativamente mais fácil na Comic-Con graças ao efeito que possuem as fantasias, que permitem se esconder detrás do personagem. Na verdade, eles mantêm um pacto de segredo acerca da Comic-Con que consiste em não revelar nunca o que acontece ali: "O que acontece na Comic-Con fica na Comic-Con." Possivelmente esse pacto se produziu depois de alguma experiência da qual é melhor manter segredo, como a ocasião em que Raj ficou com uma menina fantasiada de escrava de Órion (personagem de *Jornada nas Estrelas*), que depois descobriram se chamar Richard (2x02). Esse segredo não impediu que ficássemos sabendo que Raj e Howard fizeram um *ménage à trois* com uma garota um pouco gordinha fantasiada de um personagem do animê *Sailor Moon* (5x22).

Cubo de Rubik

Quebra-cabeça em forma de cubo inventado em 1974 pelo húngaro Ernö Rubik. Chamado inicialmente Cubo Mágico, foi um sucesso de venda nos anos 1980. Sua mecânica, que consiste em girar suas peças até conseguir que cada lado do cubo tenha só uma cor, permite mais de 43 quintilhões de combinações diferentes para resolvê-lo. Considera-se o jogo mais vendido da história e gerou grande paixão. Há alguns anos é realizado um concurso no qual se tenta resolver o cubo de Rubik no menor tempo possível. O recorde é de um australiano, Feliks Zemdegs, que em 2011 o resolveu em 5,66 segundos. Leonard é um grande fã desse quebra-cabeça e brinca com ele (1x03). No apartamento também há uma caixa para guardar panos que têm a forma do cubo de Rubik (3x18), e já se viu Sheldon com uma divertida camiseta na qual aparece um cubo de Rubik derretido (6x12).

Daredevil

Super-herói de HQ da Marvel, criado por Stan Lee (ver *Stan Lee*) e Bill Everett. Em sua origem era um estudante de direito que queria ser advogado. Sua carreira acaba sendo interrompida por dois motivos: um acidente que o deixa cego e o assassinato de seu pai. Quando o assassino de seu pai é absolvido das acusações de homicídio, o personagem percebe que a justiça pode ser manipulada. É assim que, apesar de sua cegueira, decide fazer justiça por conta própria sob a identidade de Daredevil. O HQ é considerado um objeto de culto entre os fãs do gênero, especialmente sua etapa obscura dos anos 1980. No entanto, a adaptação cinematográfica foi péssima. Sheldon renega sempre o filme, que foi protagonizado por Ben Affleck, e o grupo o inclui na lista de filmes que acabaram com suas franquias (6x10) na qual constam também *Indiana Jones 4* e *Tubarão 4*.

Diagrama de Venn

Sistema de representação baseado em diagramas que são utilizados para mostrar o agrupamento de elementos em conjuntos, representando cada conjunto mediante um círculo ou um óvalo. A posição relativa no plano de tais círculos mostra a relação entre os conjuntos. Por exemplo, se os círculos dos conjuntos A e B se sobrepõem, é mostrada uma área comum a ambos os conjuntos que contém todos os elementos contidos ao mesmo tempo em A e em B. Se o círculo do conjunto A aparece dentro do círculo de outro B, isso significa que todos os elementos de A também estão contidos em B. Se estão separados é porque não têm nada em comum. É possível introduzir múltiplos círculos de modo que alguns se toquem entre si e outros não, e que haja vários círculos que tenham uma mesma área em comum. Os diagramas de Venn têm o nome de seu criador, o matemático John Venn, e são utilizados para fazer representações gráficas de elementos muito díspares. Quando Leonard se pergunta quem é capaz de vender uma máquina do tempo por 800 dólares, Sheldon responde que se trata de um indivíduo que se encontra na interseção de dois círculos de um diagrama de Venn. Um é o círculo de "não quero mais a máquina do tempo", e o outro é o de "preciso de 800 dólares" (1x14). Com esse exemplo, Sheldon demonstra que um diagrama de Venn pode representar qualquer coisa.

Doctor Who

Série de ficção científica da televisão britânica. Suas histórias giram ao redor de um personagem chamado O Senhor do Tempo, um viajante do tempo alienígena com aspecto humanoide conhecido como o Doutor. Explora o universo a bordo da TARDIS, uma máquina capaz de viajar pelo espaço-tempo que tem a aparência exterior de uma cabina de polícia britânica, elemento habitual no Reino Unido quando a série estreou, em 1963. A ficção chegou ao seu 50º aniversário em 2013, tornando-se uma das séries mais longevas da história. Desde que estreou, o Doutor foi interpretado por 11 atores diferentes (o último foi Matt Smith). A mudança de ator se justifica pela capacidade que tem o personagem de se regenerar de tempos em tempos. Sheldon não perde nenhum episódio, e a cada sábado à primeira hora da manhã sintoniza a BBC America para ver *Dr. Who* acompanhado de uma tigela de cereais (1x07). Já declarou ser muito fã do personagem (5x14).

Duna

Romance de ficção científica escrito por Frank Herbert em 1965 que fez muito sucesso, abrindo uma das sagas mais importantes do gênero. O autor escreveu sucessivas partes de sua obra, inicialmente pensada como uma trilogia, mas que acabou chegando a seis volumes, o último publicado em 1985. A história gira em torno de Paul Atreides, herdeiro do ducado da Casa Atreides. Seu pai recebe a visita do Imperador com a ordem de se trasladar, com todo seu ducado, para Arrakis, mas a ordem esconde uma armadilha. Desse modo, *Duna* apresenta um mundo complexo que surpreendeu por deixar deliberadamente de lado as especulações tecnológicas, matéria habitual no gênero, convertendo o deserto no palco principal da obra. *Duna* teve várias adaptações. Entre elas, um filme dirigido pelo cineasta David Lynch, sobre o qual Sheldon, Leonard e companhia comentam uma noite que passam juntos na montanha (3x08). "Não é um grande filme. Ah, mas aquele lindo deserto...", diz Howard.

Dungeons & Dragons

É um RPG de fantasia heroica criado em 1974 por Gary Gygax e Dave Arneson. Originalmente derivado dos jogos de tabuleiro, é considerado o pai dos RPGs modernos. Estabeleceu muitas das convenções que dominam o gênero até hoje. O jogo destaca o uso de dados de várias faces, as folhas do personagem (que servem para descrever suas características e anotar sua evolução) e a dinâmica centrada na ação de um diretor de jogo (chamado *rolemaster*), que narra a história, e de alguns jogadores que a modificam com suas ações, sempre influenciadas pelas habilidades de seus personagens e o acaso dos dados. Leonard e companhia jogam com frequência. Em certa ocasião, Sheldon decide aplicar a lógica de Dungeons & Dragons à própria vida e utiliza um dado do jogo para tomar decisões diárias (5x04). Sheldon acredita que, se deixar ao acaso decisões triviais como escolher o que comer do menu do restaurante, sua mente ficará liberada para pensar em coisas importantes. O método acaba sendo um desastre.

Efeito Aharonov-Bohm

Fenômeno quântico no qual a presença de um campo magnético altera a propagação de uma carga elétrica, inclusive quando essa se propaga em zonas onde tal campo não está presente. Recebe seu nome dos físicos Yakir Aharonov e David Bohm, que o descobriram de forma independente em 1959. O efeito Aharonov-Bohm é chave para a física teórica em nível conceitual porque demonstra que a teoria eletromagnética clássica de James Clerk Maxwell (ver *James Clerk Maxwell*) tem consequências físicas. Antes da mecânica quântica era possível usá-la como uma formulação matemática, mas os experimentos de Aharonov-Bohm demonstraram que não se tratava unicamente de uma ideia filosófica. Leonard trabalha no efeito Aharonov-Bohm com um experimento no qual transporta elétrons através da abertura de alguns anéis de metal fabricados com nanotecnologia. Na verdade, acredita ter chegado a uma conclusão interessante, mas seu experimento é idêntico a outro que havia sido realizado anteriormente na Holanda (3x10).

Efeito Doppler

Descoberto pelo físico austríaco Christian Andreas Doppler, o efeito Doppler consiste na mudança de frequência de uma onda produzida pelo movimento relativo da fonte em relação a seu observador. Quando o observador se encontra no centro da fonte, a frequência de onda não varia, mas, ao se deslocar, a frequência do som aumenta, gerando a sensação de que o som se repete mais vezes em menos tempo. Uma boa maneira de ter uma ideia do efeito Doppler é imaginar uma ambulância com a sirene ligada. Quando a ambulância está parada, as ondas de som chegam por igual em todas as direções. Ao se deslocar, essas ondas aumentam de frequência na direção da ambulância e diminuem de frequência quando se afasta. Por isso, temos a sensação de que quando a ambulância se aproxima, o barulho de sua sirene também se acelera. Essa curiosidade inspira Sheldon, que se fantasia de efeito Doppler na festa de Penny, embora lamentavelmente o confundam com uma zebra (1x06).

Eliza Dushku

Atriz de televisão conhecida sobretudo pelas séries *Buffy, a Caça-Vampiros* e sua continuação, *Angel*, nas quais interpretou Faith, uma garota com habilidades sobrenaturais que ajuda a protagonista da série a lutar contra vampiros e criaturas demoníacas. A atriz teve mais tarde a própria série como protagonista, *Dollhouse*, mas foi cancelada depois da primeira temporada. As três séries foram criadas por Joss Whedon, um roteirista que tem a admiração de Sheldon e companhia, que gostam especialmente de Firefly (ver Firefly). A atriz Eliza Dushku aparece como convidada em *The Big Bang Theory* (4x07) interpretando uma agente do FBI que investiga Howard. Em sua investigação, ela interroga Leonard, Raj e Sheldon, e esse último põe em evidência Howard com suas respostas, colocando-o em sérios problemas com a lei.

Equação de Drake

Foi concebida pelo radioastrônomo Frank Drake com o propósito de estimar a quantidade de civilizações que existem em nossa galáxia, a Via Láctea, suscetíveis de possuir emissões de rádio detectáveis. A equação de Drake, concebida em 1961, identifica os fatores específicos que, acredita-se, têm um papel importante no desenvolvimento das civilizações. Embora na atualidade não existam dados suficientes para resolver a equação, a comunidade científica aceitou sua relevância como primeira aproximação teórica ao problema, e vários cientistas a utilizaram como ferramenta para afirmar distintas hipóteses. Howard utiliza essa equação para introduzir algumas mudanças e fabricar a própria versão dela, que tem como objetivo averiguar o número potencial de mulheres solteiras que poderiam fazer sexo com ele (2x20). "Analisando os números, cheguei a conservadores 5,812 potenciais parceiras sexuais em um raio de 65 quilômetros."

Excalibur

Espada lendária do rei Artur, à qual se atribuíram diferentes propriedades extraordinárias ao longo das numerosas versões do mito literário, cuja mais antiga conhecida data do século XII como um relato pseudo-histórico. A lenda mais difundida sobre a espada Excalibur conta que Artur a obteve depois de tirá-la de uma rocha onde se encontrava incrustada, graças a um ato de magia realizado por Merlin. Segundo a lenda, aquele que conseguisse arrancar a espada obteria o governo da Inglaterra, e essa é a razão que Sheldon usa para considerar Excalibur como a primeira que escolheria se tivesse que fazer uma coleção de espadas (5x05). Dizem que a verdadeira espada Excalibur encontra-se na abadia de San Galgano (Siena, Itália), onde há uma espada incrustada no chão que ninguém jamais conseguiu tirar. A espada está hoje protegida por um cristal para que não seja destruída.

O Exterminador do Futuro

Filme de ação e ficção científica de 1984 escrito e dirigido por James Cameron e William Wisher Jr. Embora não se esperasse que fosse se tornar um sucesso comercial ou de crítica, *O Exterminador do Futuro* encabeçou as bilheterias norte-americanas durante duas semanas e ajudou a lançar a carreira cinematográfica de James Cameron e consolidar a de Arnold Schwarzenegger, que interpreta o androide ciborgue Exterminador, enviado do futuro pelas máquinas governadas por Skynet. Essas estão perdendo a guerra contra a resistência humana liderada por John Connor, assim decidem enviar um dos seus ao passado para exterminar Sarah Connor, futura mãe de John. Desse modo, a resistência perderia seu líder e a guerra no futuro se desequilibraria a favor das máquinas e de Skynet. O sucesso do primeiro filme de *O Exterminador do Futuro* levou James Cameron a dirigir uma segunda parte que foi muito bem recebida pelo público, mas não tanto pelos fãs da ficção científica, que acreditam que parte do que é revelado no segundo filme contradiz o que foi explicado no primeiro. Leonard e Sheldon mantêm essa discussão, sendo Sheldon o mais crítico ao filme (1x10) que também teve uma terceira e uma quarta parte, e inclusive uma série de televisão chamada *O Exterminador do Futuro: As Crônicas de Sarah Connor*, protagonizada por Summer Glau (ver *Summer Glau*). No entanto, o primeiro é um dos filmes favoritos de Sheldon, cujo kit de emergência é inspirado no de Sarah Connor (2x01) e está incluído no Acordo de Convivência, onde há uma cláusula inspirada no filme que obriga Leonard a destruir uma vida artificial criada por Sheldon caso ela tente destruir a humanidade (2x06).

Final Fantasy

Série de videogames RPG que começou em 1987 com o videogame homônimo, que seria o último da companhia japonesa Squaresoft, que estava à beira da falência, e de seu criador, Hironoby Sakaguchi, que planejava se aposentar ao terminá-lo. Daí o título de sua obra, Final Fantasy [Fantasia Final], porque seria seu último jogo. No entanto, Final Fantasy foi um sucesso que acabou salvando a Squaresoft da bancarrota e teve múltiplas sequências, todas a cargo de Sakaguchi. Atualmente, é a quarta franquia mais prolífica do mundo do videogame (superada apenas por Mario, Mega Man e Zelda) e uma referência de seu gênero. Final Fantasy se caracteriza pela elaboração de histórias muito complexas em um universo vasto e rico em detalhes, assim como em um intrincado sistema de combates por turno que exige muita atenção para ser completamente dominado. É um dos jogos favoritos de Sheldon, que tem a coleção completa (3x13).

Firefly

Série criada por Joss Whedon que mistura o gênero da ficção científica e do western. Sua história está situada nos anos posteriores de uma guerra civil que a Aliança ganhou. Seu protagonista, Malcolm Reynolds, tinha sido sargento do bando perdedor. Agora ele sobrevive como capitão de uma nave espacial chamada Serenity, que utiliza para fazer pequenos trabalhos como delinquente junto a um grupo de personagens, e assim ganhar a vida. A série começa quando acolhem como passageiros na nave um casal que é fugitivo da Aliança. A ficção, que foi protagonizada por Nathan Fillion, Morena Baccarin e Summer Glau, entre outros, obteve audiência insuficiente e foi cancelada pela Fox ao final de sua primeira temporada. Desde então, Sheldon considera Rupert Murdoch e todos que participaram daquela decisão como traidores (3x15). Firefly ganhou, com os anos, o status de série cult, e em 2002, um filme que fechou sua história principal.

Flash

Super-herói da DC Comics que é capaz de se mover a grande velocidade com reflexos extraordinários. Ele é conhecido como "o homem mais rápido do mundo". Ao longo de sua história, quatro personagens diferentes usaram a identidade de Flash, pois ele é um dos poucos super-heróis que não depende de uma identidade fixa, algo que alimenta na imaginação do leitor a possibilidade de que ele também possa ser, algum dia, Flash. Não só Sheldon deseja se converter em Flash, esse é um desejo compartilhado por todos. Por isso, quando se preparam para ir à festa à fantasia de Penny, os quatro aparecem fantasiados de Flash (1x06). Acabam sendo obrigados a mudar todos de fantasia (ignorando que na verdade todos eles poderiam interpretar cada um dos quatro personagens que foram o Flash). Sheldon volta a colocar a roupa em uma ocasião na qual bebeu muito café e se encontra sob os efeitos da cafeína (2x18). Além disso, também tem uma camiseta de Flash (1x01) e meias (2x06). No concurso de fantasias da loja de Stuart, Sheldon consegue finalmente se fantasiar sozinho de Flash (4x11).

Flip Fold

Invento simples que serve para dobrar camisetas rapidamente e com uma perfeição assombrosa. Consiste em três lâminas de plástico dobráveis. Coloca-se a camiseta no centro e com as lâminas laterais as mangas são dobradas, e com a lâmina do meio se acaba de dobrar a camiseta pela metade. No total, são necessários três movimentos para dobrar a camiseta. Sheldon utiliza o Flip Fold para dobrar sua roupa (2x01). Na verdade, não usa só para as camisetas, mas também para as meias. Pode ser comprada em www.flipfold.com.

Força centrípeta

É a força que atua sobre um objeto em movimento numa trajetória curvilínea e está dirigida ao centro da curvatura da trajetória. O efeito dessa força pode ser obtido a partir das leis de Newton (ver *Isaac Newton*) e sempre atua de forma perpendicular à direção do movimento do corpo sobre o qual se aplica. Leonard faz uma demonstração da força centrípeta em seu primeiro encontro com Penny (1x03) utilizando um copo para manter uma azeitona em suspensão, movendo o vaso de forma circular para que a azeitona dê voltas no centro do vaso sem cair.

Friedrich Nietzsche

Filósofo alemão que ao final do século XIX realizou uma crítica exaustiva da cultura, da religião e da filosofia ocidental mediante a desconstrução dos conceitos que as integram, baseada na análise das atitudes morais (positivas e negativas) em relação à vida. Essa análise abarcou diversos campos. Um deles, o da moral, interessa especialmente a Sheldon, que se serve dele quando Leonard pede um conselho (5x07). Leonard tem um grande conflito, pois se sente atraído por Alice e não sabe se deve sair com ela, porque ainda mantém uma relação a distância com Priya. Para resolver essa dúvida moral, Sheldon recorre a Nietzsche, para quem havia duas classes de homens: os senhores e os servos.

Os senhores desprezam tudo aquilo que é fruto da covardia, o temor, a compaixão, tudo que é fraco e diminui o impulso vital. Por outro lado, apreciam como bom tudo que é superior e altivo, forte e dominador. A moral dos senhores baseia-se na fé em si mesmos, no orgulho próprio. Por outro lado, a moral dos servos nasce dos oprimidos e dos débeis, e começa pelas qualidades dos poderosos, decretando como boas as qualidades dos débeis. Para Nietzsche, os servos inventam uma moral que faça suportável sua condição de escravos. Como devem obedecer aos senhores, os servos dizem que a obediência é boa e que o orgulho é mau. "Nietzsche acreditava que moralidade é somente uma ficção usada pelo bando de seres humanos inferiores para suprimir os poucos homens superiores", explica a Leonard.

Eliminando a moral como algo real, considerando-a uma ficção, Sheldon está empurrando Leonard para que siga seus instintos e saia com Alice, ignorando seus remorsos. E Leonard tenta fazê-lo, mas fracassa no último momento. Quando volta para casa e explica a Sheldon que não conseguiu sair com Alice, Sheldon afirma: "Leonard é um ser humano inferior."

Game of Thrones

Série fantástico-medieval produzida pela HBO que adapta a saga dos romances *As Crônicas de Gelo e Fogo*, escrita por George R. R. Martin. A obra literária é considerada a obra-prima do gênero das últimas duas décadas e se destaca pela introdução de valores e linguagens contemporâneas em um mundo de inspiração medieval (está baseada na Guerra das Rosas do século XV) e por uma vasta galeria de personagens, muitos deles com voz própria, pois a história muda de perspectiva em cada capítulo. Sheldon e Leonard são dois fãs dos livros e da série e, quando veem uma reprodução da espada de Jon Snow na loja de Stuart (5x05), não podem evitar comprá-la e começar assim sua coleção de espadas. Desde então, pode-se ver a espada, chamada Longclaw, pendurada na parede de seu apartamento.

Gato de Schröndiger

Experimento mental concebido em 1935 pelo físico Erwin Schröndiger para expor uma das consequências menos intuitivas da mecânica quântica: a superposição de estados. A situação proposta é formada por uma caixa fechada e opaca que contém um gato em seu interior, uma garrafa de gás venenoso e um dispositivo que contém uma partícula radiativa com uma probabilidade de 50% de se desintegrar em certo tempo, de maneira que, se a partícula se desintegra, o veneno é liberado e o gato morre. Ao terminar o tempo estabelecido, há uma probabilidade de 50% de que o dispositivo tenha sido ativado e o gato esteja morto, e a mesma probabilidade de 50% de que o dispositivo não tenha sido ativado e o gato esteja vivo. Na descrição clássica do sistema, o gato estaria vivo ou morto antes de abrirmos a caixa e comprovarmos seu estado, mas, na mecânica quântica, o sistema se encontra em uma superposição dos estados possíveis até que o observador intervenha. Desse modo, antes de abrir a caixa podemos decidir que o gato está vivo e morto. Claro, quando abrirmos a caixa, o gato estará vivo ou morto, mas não se pode avançar com as especulações. Antes de abrir a caixa, as duas coisas acontecem.

Sheldon utiliza esse experimento quando Penny pede ajuda sobre sua relação com Leonard. Ela quer saber se ficar com ele seria bom ou ruim (1x17). Sheldon responde que é bom e ruim ao mesmo tempo enquanto não se abre a caixa. "Assim como o gato de Schrödinger, sua potencial relação com Leonard agora pode ser pensada como boa e ruim. Só depois de abrir a caixa você vai descobrir como é", afirma. Na física quântica, a passagem de uma superposição de estados a um estado definido se produz como uma sequência do processo de medida, e não pode ser previsto o estado final do sistema: só a probabilidade de obter cada resultado. Aí reside o paradoxo. A natureza do processo continua sendo uma incógnita, que deu lugar a distintas interpretações de caráter especulativo.

Mais adiante, Sheldon volta a utilizar a referência do gato de Schrödinger quando Leonard não sabe se deve ir à festa de Wil Wheaton. Para Sheldon, o fato de Leonard ir à festa significará que sua amizade acabou. No entanto, ainda não sabe se Leonard irá à festa. Por esse motivo, é amigo e não amigo de Leonard ao mesmo tempo. Pelo menos enquanto não souber a decisão. "Nesse momento, nosso relacionamento existe em dois estados mutuamente contraditórios. Até você ir ou não ir à festa de Will Wheaton, você é simultaneamente meu amigo e não é meu amigo. Estou caracterizando esse fenômeno como Amizade de Schrödinger", explica. Em consequência, durante esse período Sheldon se dirige a Leonard com duas atitudes diferentes (a do amigo e a do não amigo), que vão mudando constantemente.

George Smoot

Físico e astrônomo norte-americano que ganhou o Prêmio Nobel de Física em 2006 junto com John C. Mather. Sua principal contribuição foi o estudo da radiação de fundo de micro-ondas, demonstrando que pouco depois do Big Bang existiam no Universo irregularidades que foram as *sementes* da posterior formação das galáxias. Sheldon acredita que ele é "uma das grandes mentes do nosso tempo", e por esse motivo quer assistir a uma de suas conferências e entregar a própria investigação a Smoot (2x17). "É brilhante. Ele precisa ler", afirma no trem a caminho da conferência. Depois de algumas peripécias consegue entregar seu trabalho a George Smoot, propondo que se una à investigação. "Então, estou pensando, você ganhou o Prêmio Nobel quando, há três anos? Sendo assim, deve ouvir muito a pergunta: 'E o que o Smoot tem feito ultimamente?' Minha ideia é que continuemos minha pesquisa como equipe... sabe, Cooper-Smoot, alfabeticamente... e quando ganharmos o Prêmio Nobel, você estará de volta ao topo." A resposta de George Smoot é clara: "Com todo o respeito, dr. Cooper, você fumou crack?"

George Takei

Ator que interpretou Capitão Hikaru Sulu em *Jornada nas Estrelas*, a série original e também em filmes. George Takei aparece acidentalmente nas fantasias sexuais de Howard, interrompendo a conversa que ele está mantendo com Katee Sackhoff (ver *Katee Sackhoff*). Essa surpreendente aparição faz com que Katee pergunte a Howard se ele tem alguma tendência homossexual latente, coisa que ele nega. "É o que você diz, mas aqui estou eu", comenta George Takei. Mais tarde, George e Katee discutem as dificuldades que encontram para continuar suas carreiras depois de terem sido ícones da ficção científica (4x04). Em seguida, Howard tenta recuperar Bernadette, e ambos conversam no carro. No assento de trás aparecem George e Katee, que dão conselhos opostos a Howard sobre como seduzir de novo Bernadette e conseguir que volte para ele. George aposta em uma aproximação suave, ao estilo de um galã clássico, mas Howard opta por seguir os conselhos de Katee e atua de forma impetuosa, o que provoca o rechaço de Bernadette, que quer começar do zero.

Gorn

Criatura fictícia do universo *Jornada nas Estrelas* que tem o aspecto de um lagarto humanoide, com pele reptiliana e sangue frio, de 2 metros de altura e com movimentos lentos que acompanha com um sussurro. Trata-se de uma besta mortífera que demonstrou ser muito inteligente e capaz de construir elaboradas armadilhas. Sheldon tem pesadelos recorrentes com os gorns. Em uma ocasião, sonha com eles porque se sente culpado por ter aborrecido Howard (4x07), e no pesadelo um grupo de gorns o rodeia e outro se senta em seu lugar no sofá. Em outra ocasião, sente-se culpado por ter aberto a caixa de um brinquedo de *Jornada nas Estrelas* que Penny deu de presente para Leonard (5x20) e sonha que um gorn o ataca no deserto.

Gremlins

Filme fantástico de terror dirigido por Joe Dante em 1984. Um homem compra em uma loja antiga em Chinatown uma pequena criatura chamada Mogwai. Antes de vender esse peculiar mascote, recebe instruções precisas para seu cuidado: não deve expô-lo à luz, não deve molhá-lo e nunca deve alimentá-lo depois da meia-noite. Claro, as três normas serão quebradas ao longo do filme, com consequências desastrosas. *Gremlins* é um filme que deixa Sheldon especialmente nervoso (3x04), pois não entende como é possível alguém não obedecer a instruções tão simples. "Esse filme me assombra toda vez que assistimos", afirma.

Guerra dos mundos

Romance de ficção científica escrito por H. G. Wells em 1898 que descreve uma invasão alienígena à Terra. Foi a primeira descrição literária de uma situação dessas características, e o romance teve uma indubitável influência sobre as posteriores e abundantes versões dessa mesma ideia. Além disso, se tornou também chave para o gênero da ficção científica. Foi adaptado a outros meios, como o cinema e o rádio. A adaptação para o rádio deu ensejo à radiotransmissão realizada por Orson Welles em 1938, que causou grande alvoroço, pois alguns ouvintes acreditaram que a história era verídica. O livro começa com a chegada do que se acredita ser um meteorito em um campo nos arredores de Londres. O protagonista e narrador da história mora ali perto e é um dos primeiros a descobrir que o objeto é um cilindro artificial lançado de Marte. De repente, o cilindro se abre e saem os marcianos: volumosas criaturas parecidas com polvos gigantes. Esses mesmos polvos aparecem em um pôster pendurado no apartamento de Sheldon e Leonard. Na verdade, é a capa da revista *Amazing Stories* de agosto de 1927, que foi dedicada ao livro *Guerra dos Mundos*. Não é a única obra de H. G. Wells que os rapazes admiram, pois também leram o clássico *A Máquina do Tempo* (ver *A Máquina do Tempo*).

GUIA DO MOCHILEIRO DAS GALÁXIAS

Romance humorístico de ficção científica escrito pelo britânico Douglas Adams em 1979. É o primeiro livro de cinco que formam uma saga que, originalmente, foi uma radiocomédia escrita pelo mesmo autor. O título do livro está inspirado em um guia para percorrer a Europa que Douglas Adams utilizou durante uma viagem de sua juventude. A ideia é adaptar esse guia à Galáxia (quer dizer, ao gênero da ficção científica). Assim, o romance relata com bastante humor a viagem de seu protagonista, Arthur Dent, que se salva da destruição da Terra pedindo carona com seu amigo Ford Prefect. Ambos percorrem múltiplos lugares e se encontram em situações que parodiam o gênero da ficção científica. Quando Raj descobre que Sheldon passa horas em um quarto que tem o número 43 escrito em uma lousa, acha que se trata da cifra que o supercomputador de *O Guia do Mochileiro das Galáxias* dá como solução a todas as questões da existência. No entanto, Howard o corrige, pois o número em questão não é o 43, mas o 42 (6x08).

THE GUILD

Websérie criada pela atriz e roteirista Felicia Day, que estreou no YouTube em 2007 e atualmente pode ser vista também em iTunes, Netflix, Hulu e a página oficial da série. A ficção surge da paixão de Felicia Day pelos videogames de RPG (os chamados MMORPG), gênero de videogame que permite ao jogador participar junto com outros jogadores em um mundo imaginário *on-line*, do qual Sheldon e companhia são fãs: já os vimos jogando Age of Conan (ver *Age of Conan*) e World of Warcraft (ver *World of Warcraft*). Depois de passar anos viciada nesses videogames, Felicia Day pensou que poderia aproveitar a experiência para fazer uma série de televisão. Assim nasceu *The Guild*, uma ficção sobre um grupo de jogadores *on-line* que não se conhece pessoalmente. A história começa quando um deles se dá conta de que dedica tempo demais ao jogo e decide reduzir as horas que passa *on-line*. A série teve sucesso notável entre o público fã dos videogames. Wil Wheaton se uniu à série em sua terceira temporada e usa uma camiseta com o logo de *The Guild* (6x06).

HALO

Videogame de FPS (*first person shooter*) ambientado em um mundo de ficção científica e desenvolvido pela empresa Bungie. É um referência em seu gênero e considerado o motivo pelo qual muitos jogadores escolhem o console Xbox 360. Os rapazes jogam com frequência, sempre no modo multiplayer. Na verdade, há um dia na semana reservado para suas partidas de Halo: todas as quartas à noite. O argumento da série centra-se na guerra entre a humanidade e uma aliança de alienígenas chamada Convenant. Parte da história da franquia é contada através da história de Master Chief, um soldado cibernético-humano que foi melhorado tecnologicamente. Para Sheldon, suas noites de Halo são imprescindíveis, e não há motivo que justifique sua não realização. Para os outros membros do grupo, isso é mais relativo. Howard decide furar a noite de Halo para sair com Christy (1x07), algo que Sheldon não entende, pois segundo ele Halo é melhor que sexo. "Até onde sei, sexo não ganhou um *upgrade* que inclua gráficos de alta definição e sistemas melhorados de armas", argumenta. Sheldon nunca renunciará à sua partida de Halo. Cede apenas quando Ramona Nowitzki lembra que a ciência é mais importante (2x06) e que ele deve continuar trabalhando em vez de jogar videogame. Halo não é o único game desse gênero de que Sheldon é fã, pois ele também possui alguns Call of Duty (3x13).

Harry Potter

Saga literária criada pela escritora britânica J. K. Rowling. Conta a história de um menino órfão chamado Harry Potter que descobre que está destinado a ser o grande mago que vai acabar com o malvado Voldemort. O universo que a escritora propõe divide o mundo entre o espaço mágico, ao qual pertencem os protagonistas, e o espaço da vida cotidiana, que é o das pessoas comuns que não acreditam na magia e são incapazes de ver o mundo mágico. Essa gente comum e sem imaginação é chamada de trouxas. Sheldon utiliza esse conceito para qualificar Penny (4x01), separando-a do mundo dos magos (ou poderíamos dizer cientistas), que nesse caso seriam ele e Amy. Na vida real, Sheldon é um mago muito desastroso e não consegue decifrar qual é o truque que Howard utiliza para adivinhar as cartas (5x12). Howard repete o truque várias vezes, e Raj o elogia dizendo que tem um assento no Howarts Express, uma referência ao trem que leva Harry Potter do mundo dos trouxas à escola de magia. É o mesmo Raj que tenta comprar uma réplica da varinha que Harry Potter utiliza (5x16). Quando abre o pacote do envio, Raj descobre que o vendedor mandou um simples graveto que tem uma inscrição que especifica que é uma edição limitada. Finalmente, quando o grupo descobre que Sheldon tem amplos conhecimentos sobre futebol americano (3x06), Howard afirma, surpreso, que jamais teria imaginado isso, e que na verdade supunha que o único esporte pelo qual Sheldon se interessaria seria o Quadribol, peculiar esporte com vassoura mágicas jogado pelos magos de Harry Potter.

Hércules

Nome dado pelos romanos ao herói grego Héracles. Com o tempo, o nome de Hércules acabou sendo mais utilizado que o original da mitologia clássica grega. Héracles, filho do deus Zeus e da mortal Alcmene, era conhecido por sua força e suas façanhas. Entre elas, a mais conhecida é a dos 12 Trabalhos, que tem sua origem na previsão da pitonisa, que o avisou que devia servir ao rei Euristeus durante 12 anos e obedecê-lo em qualquer tarefa para assim obter a imortalidade. De início, Hércules se recusa a servir um homem ao qual considerava seu inferior, mas acaba por se colocar sob as ordens do rei, que encomendou 12 tarefas impossíveis de cumprir para qualquer mortal. Seguindo esse mesmo argumento, Howard assume o papel de Euristeus e ordena várias tarefas a nosso Hércules particular – ou seja, Sheldon (5x21) – em troca de entregar sua pesquisa a Stephen Hawking (o equivalente a alcançar a imortalidade). Enquanto os trabalhos da lenda mitológica eram épicas, os de Howard são um pouco mais prosaicos e incluem limpar a coleção de fivelas de Howard e acompanhar a mãe dele às compras.

Hermann Ebbinghaus

Psicólogo alemão pioneiro no estúdio experimental da memória. É conhecido por descobrir a chamada curva do esquecimento (com a qual mediu a velocidade exponencial na qual o ser humano perde a informação que aprendeu) e também a curva de aprendizagem (que mede a velocidade com a qual podemos aprender novas informações). Amy preferiu se concentrar na parte do trabalho de Ebbinghaus que objetiva as lembranças gravadas, isso é, a informação que fica no subconsciente inclusive quando ela já não é acessível através da memória. Desse modo, distinguiu entre a memória voluntária e a involuntária. Essa última é a que Amy tenta explorar em um encontro com Sheldon no qual começa a utilizar uma série de recursos que farão com que Sheldon lembre certos momentos que acreditava esquecidos. Por exemplo, coloca de fundo a melodia do videogame Mario Bros, oferece uma de suas bebidas favoritas da infância, Strawberry Quick, e serve espaguete com pedaços de salsicha como jantar, um prato que a mãe de Sheldon costumava fazer. Desse modo, Amy traz à superfície lembranças esquecidas de Sheldon que produzem uma grata felicidade que ficará associada a seu encontro com ela, queira ele ou não.

Homem-Aranha

Super-herói da Marvel criado por Stan Lee (ver *Stan Lee*) e o desenhista Steve Ditko em 1962. Naquela época, os personagens adolescentes nos quadrinhos de super-heróis tinham reservado habitualmente o papel de companheiro do herói, mas Stan Lee rompeu essa tendência com o Homem-Aranha ao convertê-lo em protagonista. Os leitores se identificaram imediatamente com o caráter tímido de Peter Parker e sua escassa capacidade para se encaixar entre outros jovens de sua idade. A história do personagem começa quando é picado por uma aranha radiativa que lhe confere poderes aracnídeos: pode lançar redes de aranha e subir em muros, e tem uma grande agilidade e bons reflexos. Além disso, possui um instinto aracnídeo com o qual detecta possíveis perigos, o que Sheldon afirma ter, sobretudo quando se trata de Penny. "Meu sentido de Homem-Aranha me diz que isso tem a ver com Penny." (1x14) Um dos momentos-chave do Homem-Aranha é a conversa que ele tem com seus avôs sobre a responsabilidade de se tornar adulto, com a conhecida frase "com grandes poderes vem grande responsabilidade". Uma frase que Sheldon repete a Penny quando ela obtém o número de telefone da mãe de Sheldon. Nesse caso, o poder é a capacidade de ligar para a mãe de Sheldon, que tem uma grande influência sobre ele, e por isso Sheldon pede a Penny que não abuse desse poder (2x07). O avô de Peter Parker logo depois é assassinado por um criminoso, o que leva o personagem a tomar suas palavras ao pé da letra e se converter no Homem-Aranha para proteger os cidadãos dos delinquentes. No entanto, essa decisão implica em renunciar a uma vida normal e ao amor de Mary Jane. Quando Amy está a ponto de cortar sua relação com Sheldon, ele repete um trecho de uma declaração que o Homem-Aranha fez para Mary Jane (6x01) no qual confessa que a ama.

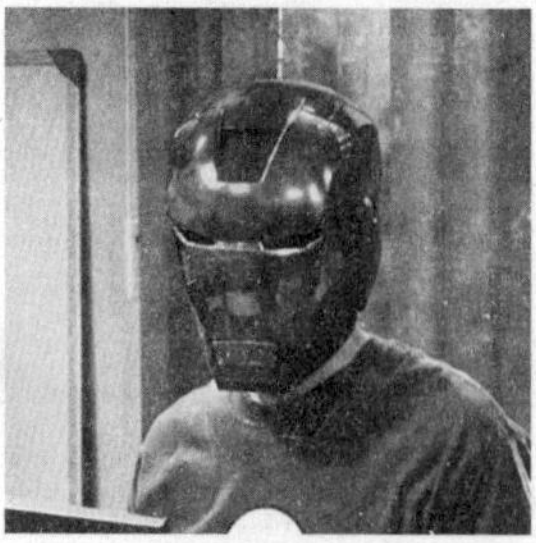

Homem de Ferro

Super-herói da Marvel criado por Stan Lee (ver *Stan Lee*) e desenhado por Don Heck e Jack Kirby que se caracteriza por possuir uma poderosa armadura com a qual protege o mundo. O personagem por trás da máscara é Tony Stark, um multimilionário, empresário e engenheiro que foi sequestrado e obrigado a construir uma arma de destruição em massa. Em seu lugar criou a armadura, com a qual pôde escapar e agora utiliza para combater o crime. Howard é fã do personagem, o que se encaixa perfeitamente, pois a atitude de playboy de Tony Stark é similar à de Howard, embora com diferente sucesso. Howard inclusive tem um capacete do Homem de Ferro. Sheldon o rouba quando esse tira sua vaga de estacionamento na universidade (6x09).

Honoré Blanc

Fabricante de armas francês e sobretudo um pioneiro no uso de partes intercambiáveis para aumentar a velocidade de fabricação de sua artilharia. Banc percebeu que as distintas partes de uma arma eram idênticas às distintas partes de outra arma do mesmo modelo. Uma observação que lhe deu a ideia de se organizar para poder montá-las em série, algo que foi rechaçado na Europa, onde não ficou clara sua viabilidade, mas impressionou o norte-americano Thomas Jefferson, naquela época embaixador na França. Jefferson viu no sistema de Honoré Blanc a maneira de fazer com que os Estados Unidos pudessem fabricar o armamento necessário sem depender da Europa, e colocou o plano em marcha em 1778. Esse sistema foi incorporado posteriormente por outras indústrias, e Sheldon o adapta ao negócio de Penny, que está fabricando um prendedor de cabelo em forma de flor que chama de Flor de Penny (2x18). Assim Sheldon estabelece um trabalho em cadeia que acaba incluindo também Raj, Howard e Leonard, e com o qual o ritmo de produção aumenta à grande velocidade. Sheldon também introduz um cântico de trabalho (uma canção cujo ritmo favorece o trabalho constante e que foi introduzida originalmente pelos marinheiros anglo-saxões em meados do século XIX). Sheldon também se lembra de que o sistema de Honoré Blanc não deve ser confundido com a linha de montagem instaurada por Henry Ford em 1908, que permitiu reduzir o custo de cada unidade produzida. "Isso seria um erro compreensível, mas não perdoável", ele diz a Penny.

Hulk

Super-herói da Marvel Comics criado por Stan Lee (ver *Stan Lee*) e Jack Kirby que se distingue por ter a pele de cor verde, um tamanho gigantesco e uma força devastadora que não pode controlar. Na verdade, o personagem é o alter ego do físico Bruce Banner, homem reservado e tranquilo que foi exposto acidentalmente à radiação de uma bomba gama que ele mesmo inventou. Desde então, Banner se transforma involuntariamente em Hulk quando fica bravo ou sua vida está em perigo, criando situações arriscadas para ele e para os que o rodeiam. O personagem está em parte inspirado no clássico literário do Dr. Jekyll e Mr. Hyde e é um dos favoritos de Sheldon, que adora repetir a frase "humanos débeis" com a qual Hulk se dirige aos humanos. Dos filmes nos quais aparece o personagem, Sheldon prefere o de Edward Norton e também o Hulk que Mark Ruffalo interpreta em *Os Vingadores* (6x02). Por outro lado, a versão protagonizada por Eric Bana não o convenceu. Leonard concorda com Sheldon ao afirmar: "Se eles pegassem todo o dinheiro que gastaram tentando fazer um filme decente de Hulk, na certa poderiam fazer um Hulk de verdade" (4x04). Raj dá a Sheldon um par de punhos gigantescos de Hulk em troca de que o acompanhe em um encontro com duas garotas (3x12). Embora, na verdade, o personagem mais semelhante a Hulk seja Penny, que é afeita às mesmas explosões de ira de Hulk, como diz Leonard: "Você meio que tem essa coisa de ter sido exposta aos raios gama. Sabe como? Na maior parte do tempo, você é o agradável Bruce Banner, mas então, quando fica brava, meio que se transforma no Incrível Hulk" (2x12).

Indiana Jones

Personagem criado por George Lucas em 1973, herói de uma série de filmes de aventuras dirigidas por Steven Spielberg e protagonizada por Harrison Ford. Indiana Jones é um arqueólogo que dá aula na universidade e, em seu tempo livre, empreende viagens em busca de objetos de importante valor histórico que frequentemente são cobiçados por outros personagens com fins sinistros. Indiana Jones se caracteriza por sua jaqueta de pele, o uso do chicote e sua fobia a serpentes. Os três primeiros filmes combinaram entretenimento, espetáculo e humor, e são referência em seu gênero. Sheldon e companhia os viram dezenas de vezes, mas não hesitam em ir ao cinema para ver uma nova versão do segundo filme, *Indiana Jones e os Caçadores da Arca Perdida*, que tem 21 segundos de material adicional (4x08). Essa versão não existe na vida real, e é uma indireta para George Lucas, que não para de alterar a saga *Guerra das Estrelas* com novas versões. Finalmente, Sheldon e companhia ficam fora do cinema e decidem roubar a fita original do projetor. A cena na qual eles fogem é uma homenagem à cena da fuga de Indiana Jones, que no filme escapa de um grupo de nativos subindo num hidroavião, e por isso Sheldon exclama: "Nunca se tem um hidroavião quando se precisa de um".

Os Invasores de Corpos

Romance de ficção científica escrito por Jack Finney em 1955. Está ambientado na localidade fictícia de Santa Mira, que é invadida por algumas sementes que chegam do espaço. As sementes substituem as pessoas enquanto dormem, tornando-se em clones perfeitos dos humanos, enquanto estes viram pó. O romance foi adaptado para o cinema no filme *Invasores de Corpos*, dirigido por Don Siegel, toda uma obra de culto entre os fãs do terror e da ficção científica. Sheldon e Leonard têm uma cláusula no Acordo de Convivência que faz referência a *Invasores de Corpos*, segundo a qual Leonard deve destruir alguém suspeito de ter sido substituído por uma semente alienígena. Sheldon tenta aplicar essa cláusula para se livrar de Ramona, a estudante-assistente que o assedia e não deixa que respire (2x06). Quando Leonard diz que a cláusula não é aplicável, Sheldon tenta com a de *O Exterminador do Futuro* (ver *O Exterminador do Futuro*).

Isaac Asimov

Escritor e bioquímico norte-americano de origem russa, autor de vários livros de divulgação científica e conhecido sobretudo por suas obras de ficção científica – gênero do qual é considerado um dos pais –, entre as quais cabe destacar sua *Trilogia da Fundação*, além da compilação de contos *Eu, Robô*, que inspirou vários romances e filmes. É nesses contos que se estabelecem as Três Leis da Robótica, código moral para robôs criado como medida de proteção para os seres humanos. Segundo o próprio Asimov, a concepção das leis da robótica queria se contrapor ao temor que o ser humano desenvolveria perante algumas máquinas que hipoteticamente poderiam se rebelar e se levantar contra seus criadores. Se tentasse desobedecer uma única dessas leis que fosse, o cérebro positrônico do robô sofreria gravíssimo e irreversível dano, e o robô morreria.

A maioria dos robôs dos romances e contos de Isaac Asimov é criada para cumprir essas leis, que não têm nenhuma graça para Sheldon, pois ele se identifica com os robôs. Assim, quando Howard sugere a possibilidade de Sheldon ser um robô, a primeira pergunta que Sheldon faz é se estaria sujeito às Três Leis da Robótica (1x03), que rezam o seguinte:

1. um robô não pode causar dano a um ser humano ou permitir que um ser humano sofra dano;
2. um robô deve obedecer às ordens dos seres humanos, exceto se essas ordens entrarem em conflito com a Primeira Lei;
3. um robô deve proteger a própria existência na medida em que essa proteção não entre em conflito com a Primeira ou a Segunda Lei.

É então que, suspeitando que na verdade Sheldon é um robô, Howard questiona Sheldon com as três leis, declarando que há possibilidades de Sheldon ser um robô.

Isaac Newton

Físico e matemático inglês que formulou a lei da gravitação universal, conceito que, segundo dizem os livros de história, lhe ocorreu quando Newton, sentado à sombra de um banco, observou a trajetória perpendicular até o chão de uma maçã que caía da árvore. Sheldon é um grande admirador de Newton, embora garanta que ele teria dado conta da existência da gravidade sem a necessidade de ver cair uma maçã (1x09). Apesar de tudo, Sheldon considera Newton um cientista fundamental, que faz parte das aulas de ciência que Sheldon dá a Penny (3x10). Sheldon também insiste em colocar um busto de Isaac Newton como decoração na árvore de Natal (3x11).

Isaac Newton também estabeleceu as bases da mecânica clássica mediante as leis do movimento. A primeira lei afirma que, se não há nenhuma força empurrando um objeto, esse não varia sua velocidade (se estava em repouso continua assim e se estava em movimento continua em linha reta mantendo constante a mesma velocidade). A segunda assegura que a aceleração (mudança de velocidade de um corpo) é proporcional à força exercida sobre ele, e na mesma direção. A terceira assevera que, se um corpo exerce uma força sobre outro, esse último exerce uma força igual e de sentido contrário sobre o primeiro. Da aplicação dessas leis se deduz a força centrípeta (ver *Força centrípeta*) que utiliza Leonard (1x03).

Jane Goodall

Primatóloga inglesa que dedicou a vida ao estudo do comportamento dos chimpanzés selvagens na África, com os quais conviveu e sobre os quais escreveu numerosos livros. Em uma festa na casa de Penny, rodeados dos amigos dela, Leonard pergunta a Sheldon como ele se sente. Sheldon responde: "Como Jane Goodall observando os chimpanzés" (1x06).

James Clerk Maxwell

Físico teórico de origem escocesa que formulou a teoria eletromagnética, que reúne todas as observações, os experimentos e as equações sobre a eletricidade, o magnetismo e a óptica (antes nunca relacionados) de forma consistente. As equações de Maxwell demonstram que a eletricidade, o magnetismo e a luz são manifestações do mesmo fenômeno, chamado campo eletromagnético. Em consequência, as leis e equações clássicas dessas disciplinas se convertem em casos simplificados das equações de Maxwell. O trabalho de Maxwell é considerado a segunda grande unificação da física – a primeira é a de Isaac Newton (ver *Isaac Newton*). Sheldon admira tanto a obra de Maxwell que rompe sua relação com Amy quando ela nega sua importância (4x03).

Jar Jar Binks

Personagem do universo de *Star Wars* (ver *Star Wars*) que foi introduzido na nova trilogia e se tornou o centro das críticas que receberam aqueles filmes. Muitos críticos consideraram que o personagem não se encaixava na história e no universo da saga, e que foi incluído com o único objetivo de apelar ao público infantil e torná-lo mais comercial. O diretor George Lucas respondeu a essas críticas afirmando que há um grupo de seguidores de *Star Wars* "que não quer admitir que são filmes para crianças. É um grupo pequeno que não gosta de personagens secundários cômicos. Prefeririam que os filmes fossem duros como *Exterminador do Futuro* (ver *Exterminador do Futuro*), e ficam bravos com qualquer coisa infantil do filme". As explicações de George Lucas não convenceram os seguidores de *Star Wars*, e o personagem continuou sendo criticado abertamente, ridicularizado e considerado o grande erro de uma grande saga. Por esse motivo, Howard diz que Leonard "é o Jar Jar Binks da família Hofstadter", fazendo referência ao sucesso acadêmico do irmão e dos pais de Leonard, que contrasta com os escassos resultados do trabalho de Leonard (2x15). Sheldon também utiliza a mesma expressão com Wil Wheaton, a quem chama de Jar Jar Binks de *Jornada nas Estrelas* (4x08).

Jenga

Jogo de habilidade física e mental criado por Leslie Scott em 1983 no qual os jogadores devem, por turnos, retirar blocos da parte inferior de uma torre e colocá-los em sua parte superior, até que a torre caia. O Jenga está composto de um total de 54 blocos que podem chegar a formar uma torre de 18 níveis, e é um dos jogos favoritos de Sheldon e companhia. Eles jogam especialmente quando ficam sem conexão com a internet (1x04) e podem acabar as partidas com grandes disputas. Uma das mais memoráveis é a de 2008, na qual Leonard acusa Sheldon de ter roubado golpeando a mesa (4x03). Os rapazes também têm versões pouco habituais do Jenga, como uma inspirada no videogame Donkey Kong (5x12) e outra de tamanho gigantesco que Sheldon joga com capacete (6x12).

Joel Shumacher

Diretor de cinema norte-americano recordado pelos seguidores de *Batman* por ter dirigido as piores adaptações cinematográficas do personagem: *Batman Eternamente* (1995), protagonizada por Val Kilmer, e *Batman & Robin* (1997), com George Clooney. Depois da etapa sombria e gótica de Tim Burton, Joel Schumacher propôs um Batman pop de cores chamativas que foi um fracasso de bilheteria. Sheldon colocou Joel Schumacher na quinta posição em sua lista de inimigos "porque quase destruiu a franquia cinematográfica de *Batman*". E tem razão. Foram necessários oito anos para que o público esquecesse a horrorosa versão de *Batman* do diretor e Christopher Nola pudesse reinventar o personagem.

Kandor

Antiga capital do planeta fictício Krypton, planeta de origem do Super-Homem. A cidade foi miniaturizada e sequestrada pelo vilão Brainiac anos antes de o planeta ser destruído. Super-Homem a descobriu quando Brainiac veio à Terra, décadas depois, para sequestrar mais cidades, e recuperou Kandor, guardando-a em sua Fortaleza da Solidão, enquanto buscava uma maneira de recuperar seu tamanho original. Os kandorianos, em agradecimento, homenagearam o herói, permitindo que participasse inclusive nos assuntos do governo e proporcionando ajuda quando precisava. Como bom fã do super-herói, Leonard também tem uma reprodução da cidade miniaturizada de Kandor, que guarda cuidadosamente em seu armário (1x09).

Katee Sackhoff

Atriz de televisão, conhecida sobretudo por interpretar Starbuck na série de ficção científica *Battlestar Galactica* (ver *Battlestar Galactica*). O personagem, um dos mais carismáticos, se destaca por seu forte caráter e um grande talento como piloto. O personagem é uma fantasia sexual recorrente de Howard (3x09 e 4x04) que se imagina com ela em uma banheira de espuma. A atriz participou na série em duas ocasiões e aconselhou Howard a se esquecer dela e se concentrar em uma mulher real como Bernadette.

Klingon

Idioma que pertence ao universo *Jornada nas Estrelas* (ver *Jornada nas Estrelas*), falado pelos klingons, raça de humanoides inimiga dos protagonistas na série principal e terminou por se converter em aliada mais tarde. Apesar de ser uma série de ficção, o klingon é um idioma real, desenvolvido pelo linguista Marc Okrand. Tem a própria gramática e sintaxe, assim como um dicionário que começou a ser vendido em 1992 e continua sendo uma obra de referência para os seguidores de *Jornada nas Estrelas*. Apesar de não ser um idioma completo, é possível conversar em klingon, e se costuma identificar essa habilidade como a marca do verdadeiro *geek*. Sheldon e os demais falam klingon e valorizam muito aqueles que podem falar esse idioma. Quando Penny pergunta a Sheldon se ele acha que ela é inteligente o suficiente para sair com Leonard, Sheldon responde perguntando se ela sabe falar klingon (2x01). No entanto, as garotas não costumam sentir a mesma paixão por essa linguagem, como assinala Leonard quando Howard diz que domina seis idiomas. "Para as garotas, klingon não conta." (3x05) Os rapazes jogam uma versão do Parole (jogo de formação de palavras) em klingon (2x07), e Sheldon utiliza esse idioma para ameaçar Wil Wheaton (3x05), que entende klingon.

Klingon Bat'leth

Arma utilizada pelos klingons no universo *Jornada nas Estrelas*. Trata-se de uma espada longa de forma curva que pode ser usada com ambas as mãos e que se carrega pendurada nas costas. Sheldon tem uma reprodução de metal dessa arma e a leva quando pretende enfrentar Todd Zarnecki (4x19), o indivíduo que roubou seus objetos do World of Warcraft. No entanto, não acaba sendo de muita utilidade, porque Todd Zarnecki a toma dele. As réplicas de Bat'leth podem ser compradas facilmente nos Estados Unidos. No entanto, a legislação a respeito muda depedendo do estado, pois ela já foi utilizada para crimes em algumas ocasiões. No Colorado, passou a ser considerada uma arma mortal, como uma faca ou uma pistola, depois de ter sido usada em dois ataques em 2009. Em Nova Jersey também é consideradas uma arma, e a polícia pode confiscá-la. Em outros estados, depende do tamanho da Klingon Bat'leth.

Koko

Quando Penny pede a Sheldon que ensine "alguma coisa de física", ele decide converter o processo em um experimento. Chama-se Project Gorilla, e em seu diário Sheldon coloca em Penny o humilhante apelido de Koko (3x10). Koko faz referência a uma gorila que conseguiu aprender a linguagem dos sinais para se comunicar com os humanos. A autora do experimento, Francine Patterson, conseguiu que Koko entendesse mais de mil sinais reais e quase 2 mil palavras em inglês.

Kolinahr

Ritual que realizam os personagens vulcanos da série *Jornada nas Estrelas*. Tem como objetivo, para o praticante, eliminar qualquer vestígio de emoção que tenha em seu interior, assim como alcançar a capacidade de manter esse estado de supressão emocional. A maioria dos vulcanos reprime suas emoções, mas só os mais devotos e especialistas são capazes de praticar o kolinahr e eliminar completamente suas emoções. Essa técnica vem, precisamente, pelo fato de os vulcanos poderem matar as pessoas que estão à sua volta em um ataque de ira. Por isso, durante anos desenvolveram técnicas para controlar as emoções e manter o controle. Spock (ver *Spock*) pratica a disciplina do kolinahr. Sheldon o coloca em prática quando Amy diz que *Jornada nas Estrelas* é ficção científica barata. Em vez de ceder à ira, Sheldon utiliza o kolinahr para suprimir a raiva produzida pelo comentário (4x10).

Lanterna Verde

Super-herói da DC Comics que possui um anel e uma lanterna que conferem o poder de controlar o mundo físico sempre e quando seu portador tiver suficiente força de vontade e fortaleza para carregá-lo. O anel é uma das armas mais poderosas do Universo e pode ser muito perigoso. Na história do Lanterna Verde, vários personagens assumiram sua identidade. O primeiro foi Alan Scott, criado pelo roteirista Bill Finger e o ilustrador Martin Nodell em 1940. Raj acha que o personagem é excessivamente vulnerável (2x19), pois pode ser derrotado simplesmente com a cor amarela. No entanto, Sheldon lembra que isso só acontece com o Lanterna Verde moderno, pois o ponto fraco da Era Dourada era a madeira. Apesar de Raj não ser convencido pelo personagem, possui uma réplica do anel e da lanterna. Dá os dois objetos de presente a Sheldon para que o acompanhe a uma festa (3x12). Leonard gosta do Lanterna Verde, e se fantasia desse super-herói na festa que Stuart organiza (4x11). Vale a pena lembrar que, se alguém precisar de algum dinheiro, há um boneco do Lanterna Verde no apartamento de Sheldon e Leonard que contém algumas notas de 50 dólares, em caso de emergência (2x14). O que não se encontrará em nenhum lado é uma cópia do filme do Lanterna Verde, pois Sheldon não gostou dele (5x24). Sua principal queixa é a escolha do ator Ryan Reinolds. Ele preferia Nathan Fillion (5x12), o ator da série Firefly (ver Firefly).

Lego

Empresa de brinquedos dinamarquesa conhecida principalmente por seus blocos de plástico interconectáveis com os quais os usuários podem construir praticamente qualquer coisa que seja possível em sua imaginação. O nome Lego foi adotado pela empresa em 1934, formado pela expressão dinamarquesa *leg godt*, que significa "jogue bem". Sheldon é fã do Lego desde pequeno, quando tentou construir com as peças um acelerador de partículas (6x11). Outro de seus projetos é construir a nave Estrela da Morte dos filmes *Star Wars* (5x08), projeto que demandou dois anos de trabalho (6x08) e para o qual visitou com frequência a loja da Lego. Na verdade, ir às liquidações à meia-noite na loja da Lego é para Sheldon o melhor passeio possível, embora Amy não ache muito romântico (4x23). Sheldon também visitou a Legoland, o parque de diversões inspirado no jogo (4x19). Outro fã é Howard, que faz pequenos filmes com os bonecos de Lego (3x21).

Leonard Nimoy

Ator norte-americano que participou da série de televisão *Fringe*, interpretando William Bell, mas que é recordado sobretudo por ter sido Spock na série e nos filmes de *Jornada nas Estrelas*. Sheldon é obcecado por Spock e, como consequência, por Leonard Nimoy, que tem uma ordem de restrição contra ele (3x16). Um dos momentos mais felizes de Sheldon foi quando Penny lhe deu de presente um guardanapo que Leonard Nimoy tinha usado em sua visita ao Cheesecake Factory. Sheldon explodiu de alegria exclamando que agora tinha o DNA do ator e poderia fabricar seu próprio Leonard Nimoy (2x11). Em outra ocasião, Sheldon compra um *display* de papelão em tamanho real de Spock, mas quando o recebe descobre que não se trata de Leonard Nimoy, mas de Zachary Quinto, que interpreta o jovem Spock nos novos filmes de *Jornada nas Estrelas* (5x13). Leonard Nimoy participou na série colocando a voz em um boneco do Spock que falava com Sheldon (5x20).

Leonids

Chuva de meteoros que acontece a cada ano entre 15 e 21 de novembro, alcançando um máximo de intensidade a cada 33 anos.

Foi o astrônomo H. A. Newton que demonstrou que as brilhantes chuvas de estrelas descritas pelos historiadores desde o ano 902 eram esse fenômeno. Uma tempestade de meteoros tem uma atividade de mil meteoros por hora e é espetacular. Sheldon, Leonard, Howard e Raj decidem passar a noite na montanha para poder desfrutar a chuva de leonids em toda sua imensidão, mas acabam chapados com bolos de maconha e não veem nada (3x08).

LeVar Burton

Ator conhecido pela série de televisão *Roots* e por interpretar o comandante Geordi La Forge em *Jornada nas Estrelas*. Quando Sheldon decide organizar uma festa com novos amigos, convida LeVar Burton pelo Twitter. Burton acaba indo à festa, mas ao ver Zach, Stuart e Kripke cantando no karaokê muda de ideia e vai embora (4x17). Mais tarde, é o substituto de Wil Wheaton como convidado do programa de Sheldon, *Diversão com Bandeiras* (6x06).

Lost

Série de ficção científica criada por J. J. Abrams na qual um grupo de sobreviventes de um acidente de avião devia começar uma nova vida em uma ilha cheia de mistérios. É considerada uma das melhores séries da televisão e provocou um autêntico fenômeno entre os fãs. *Lost* provocou o atual *boom* pela ficção televisiva, sobretudo fora dos Estados Unidos. No entanto, seu final dividiu os espectadores. Sheldon seguiu a série e se encontra entre os que acharam o final decepcionante (5x16).

A Máquina do Tempo

Romance de ficção científica publicado pelo escritor britânico H. G. Wells em 1895. É considerado o responsável por popularizar o conceito das viagens pelo tempo utilizando um veículo para tal propósito. O termo "máquina do tempo" foi utilizado pela primeira vez por H. G. Wells, e agora é utilizado universalmente para se referir a esse invento imaginário. Seu romance conta a história do inventor que cria essa máquina e narra suas viagens no tempo. Nelas conhece um povo pacífico chamado eloi e também criaturas subterrâneas chamadas morlocks. O romance gerou diversos filmes, mas o mais popular é aquele protagonizado pelo ator Rod Taylor em 1960. Leonard tenta comprar em um leilão *on-line* uma réplica da máquina do tempo do filme, mas não acha que vai conseguir ganhar. Finalmente consegue e, para a própria surpresa, constata que é uma reprodução em tamanho real. Como não pode pagar os 800 dólares que custou o veículo, decide dividir a propriedade da máquina com Sheldon, Howard e Raj. Os rapazes se divertem brincando com a máquina e fingindo que viajam no tempo, o que faz Sheldon, nessa noite, sonhar que é atacado pelos temíveis morlocks (1x14).

Marie e Pierre Curie

Casal de cientistas conhecido sobretudo por seu trabalho conjunto no campo da radiatividade. Ela, física e química de origem polonesa, foi a primeira mulher a ganhar o Nobel. Marie e Pierre ganharam juntos o Nobel em 1903 por suas pesquisas sobre os fenômenos de radiação descobertos por Henri Becquerel. Alguns anos mais tarde, Pierre faleceu tragicamente, atropelado por uma carruagem, mas Marie prosseguiu com seu trabalho, e em 1911 ganhou um novo Prêmio Nobel pela descoberta dos elementos rádio e polônio, o isolamento do rádio e o estudo da natureza e dos compostos desse elemento. Tornou-se assim na primeira cientista da história a obter dois Nobel. Marie Curie acabou falecendo anos mais tarde em decorrência de uma anemia aplásica, provavelmente devido às radiações a que esteve exposta e cujos efeitos nocivos ainda eram desconhecidos. Sua história é uma referência a Amy, que gostaria que ela e Sheldon fossem como o casal Curie. "Podemos ser como Marie Curie e seu marido, Pierre, que passaram seus dias trabalhando lado a lado, banhados pelo brilho de seu amor e do rádio, que acabou por matá-la. Dane-se *A Bela e a Fera*; essa é a história de amor que a Disney deveria contar." (5x16).

Mario Bros

Videogame de grande popularidade que foi desenvolvido pela Nintendo em 1986 para fliperama. Protagonizado por um encanador italiano (que tinha aparecido antes em Donkey Kong), converteu-se rapidamente em uma referência do gênero de plataformas, no qual o jogador deve superar diversas fases passando de uma plataforma a outra, esquivando-se obstáculos, eliminando inimigos, descobrindo objetos e passagens secretas, tudo com uma única habilidade: o salto, acompanhado de alguns efeitos extras (como a invencibilidade). Aquele primeiro videogame de Mario é descrito por

Sheldon como "as 600 horas mais felizes da minha infância" (5x23). Os jogos de Mario frequentemente são parte da Videogame Vintage Night, que os rapazes organizam de vez em quando (2x20). No entanto, Sheldon também tem entre seus títulos favoritos alguns mais modernos como Super Mario 64, o título com o qual o personagem deu o salto ao 3D. A sra. Cooper mandou pelo correio uma caixa com o jogo original e o console Nintendo 64 para que Sheldon pudesse voltar a jogar com ele (2x02), provavelmente sem levar em conta sua antiga lesão de sua épocas de maior vício na Nintendo (1x13). Com o tempo, a franquia de Mario se ampliou, chegando ao mundo dos consoles, e hoje em dia protagoniza todo tipo de videogames, como Mario Kart, um videogame de corrida no qual Sheldon sempre perde, sobretudo se está jogando contra Raj (3x10). Outro dos jogos de Mario que Sheldon possui é Super Mario Galaxy e Mario and Sonic at the Winter Olympics (3x13).

Matrix

Trilogia cinematográfica criada pelos irmãos Andy e Larry Wachowski, que baseia sua proposta na suposição de que a realidade tal como a conhecemos não é mais que uma ilusão, um mundo de aparências chamado Matrix criado pelas máquinas para subjugar a humanidade. A ficção narra como seu protagonista, Neo, descobre que, segundo uma profecia, ele é o Escolhido para acabar com as máquinas. Por esse motivo, quando Sheldon conhece Dennis Kim, o novo jovem talento do departamento de física e vê que todo o mundo fica atrás dele, afirma: "O Oráculo nos contou que o pequeno Neo era o Escolhido", e depois pergunta a Kim: "Consegue ver a Matrix, não?" (1x12). Em outra ocasião, Sheldon afirma que ele vê tudo, "inclusive Matrix" (4x06). No entanto, Sheldon afirma não acreditar que vivamos na Matrix pelo simples fato de que "se fosse assim, a comida seria melhor" (2x02). Porém, Sheldon custou a digerir o final da trilogia, que provocou reações muito diversas. Quando Leonard o vê tentando resolver durante dias uma equação que resiste à sua compreensão, afirma que "não o vi empacado assim desde que tentou entender o terceiro Matrix" (3x14).

Max Planck

Físico alemão considerado o pai da mecânica quântica (ver *Mecânica quântica*) e Prêmio Nobel de Física de 1918. Em 1889, descobriu uma constante fundamental, a denominada constante de Planck, usada para calcular a energia de um fóton relacionando-o com a frequência da onda lumínica. Disso se depreende que a energia eletromagnética só pode ser emitida de forma quantizada, quer dizer, em múltiplos de uma unidade elementar: os quanta, ou fótons. Sheldon gira em torno dessa constante enquanto trabalha nas Flores de Penny (2x18). Em 1890, Max Planck formulou a lei de radiação do calor, denominada Lei de Planck, que explica o espectro de emissão de um corpo negro. Essa lei se converteu em uma das bases da mecânica quântica, que emergiu anos mais tarde com a colaboração de Albert Einstein (ver *Albert Einstein*) e Niels Bohr (ver *Niels Bohr*).

Mecânica quântica

O mais recente grande ramo da física. Tem origem em princípios do século XX, no momento em que duas das teorias que tentavam explicar certos fenômenos – a lei de gravitação universal e a teoria eletromagnética clássica – se tornaram insuficientes para esclarecê-los. O físico alemão Max Planck (ver *Max Planck*) pensou em um artifício matemático: se no processo aritmético se substituísse a integral dessas frequências por uma soma não contínua, deixava-se de obter infinito como resultado, com o que se eliminava o problema; além disso, o resultado obtido concordava com o que depois era medido.

Foi Max Planck quem então enunciou a hipótese de que a radiação eletromagnética é absorvida e emitida pela matéria em forma de quanta de luz ou fótons de energia mediante uma constante estatística, que foi denominada constante de Planck. A ideia de Planck teria permanecido muitos anos como hipótese se Albert Einstein (ver *Albert Einstein*) não a tivesse retomado, propondo que a luz, em certas circunstâncias, se comporta como partículas de energia independentes (os quanta de luz ou fótons). Foi Albert Einstein quem completou, em 1905, as correspondentes leis de movimento em sua teoria espacial da relatividade, demonstrando que o eletromagnetismo era uma teoria essencialmente não mecânica. Culminava assim o que se chamou de física clássica, quer dizer, a física não quântica.

A mecânica quântica apresenta alguns aspectos paradoxais, já que o comportamento da matéria à escala atômica e subatômica é radicalmente distinto do que costumamos observar. Assim, uma partícula pode se encontrar em distintos estados e posições ao mesmo tempo, e enquanto não é observada ou medida não adota valores concretos (ver *Gato de Schröndiger*). Além disso, algumas dessas partículas estão entrelaçadas de modo que, quando se observa uma delas (com o que fica determinado seu estado), a outra adota o mesmo estado, embora esteja distanciada da primeira e sem nenhuma conexão com ela.

Mike Massimino

Engenheiro norte-americano e astronauta veterano da NASA que participou em duas missões espaciais, ambas relacionadas com o Telescópio Hubble (ver *Telescópio Hubble*). Também é um dos astronautas que faz parte da expedição na qual participará Howard. Massimino entra em contato com Howard através de uma ligação de vídeo por Skype para dar as instruções de sua próxima viagem ao espaço. Durante a ligação, Howard tenta que Massimino o chame pelo apelido de Rocket Man, mas não consegue. O astronauta opta, em vez disso, por Fruity Loops (5x15). Esse é o início de uma relação difícil, pois Mike Massimino passará toda a viagem rindo de Howard (5x24), obrigando-o a fazer tarefas de novato, como a limpeza das privadas (6x02), e ridicularizando-o com a cumplicidade do terceiro astronauta (6x04).

Monopolo magnético

Partícula hipotética que tem apenas um polo magnético (norte ou sul). A ideia foi criada por Paul Dirac (ver *Paul Dirac*), em 1931 e com ela se poderia explicar a quantificação de carga elétrica. Teoricamente, nada impediria a existência do monopolo magnético. Na verdade, sua existência é chave em algumas teorias da criação do Universo, como a teoria das cordas (ver *Teoria das Cordas*). Entretanto, isso não significa que exista, pois até agora todas as tentativas de criar um monopolo magnético em aceleradores de partículas fracassaram. A National Science Foundation envia Sheldon ao Polo Norte para provar a existência de monopolos magnéticos que se movem muito lentamente (2x23). Durante a expedição, Sheldon acredita ter descoberto evidências dessa existência, mas os dados de sua investigação tinham sido alterados por Leonard, Howard e Raj (3x01).

Mulher-Maravilha

Super-heroína da DC Comics criada por William Moulton Marston em 1941. Foi uma das primeiras mulheres no mundo dos super-heróis, e é das poucas que não têm sua contraparte masculina. Originalmente foi criada como uma heroína feminista, e os roteiros de seus quadrinhos respondem a essa intenção, apesar de que a criação do personagem, claramente sexualizado, está dirigido a um público masculino. A Mulher-Maravilha é uma princesa amazona inspirada na mitologia grega e tem poderes sobre-humanos, além de ser uma grande combatente e possuir armas como um laço mágico com o qual pode capturar seus inimigos, braceletes indestrutíveis, uma tiara que serve como um projétil, e em algumas histórias um avião invisível. Ao contrário de outros personagens que deram o salto para o cinema, a Mulher-Maravilha só teve adaptações televisivas. A mais notável foi a série protagonizada pela atriz Lynda Carter nos anos 1970. Apesar de ser homem, Sheldon se vê forçado a se fantasiar de Mulher-Maravilha e passear em público ao perder sua partida de boliche contra Wil Wheaton (3x19). Mais adiante, é Penny quem se fantasia de Mulher-Maravilha no concurso de fantasias em grupo que Stuart organiza em sua loja de gibis (4x11).

Mystic Warlords of Ka'a

Game de RPG de cartas colecionáveis que Sheldon e companhia jogam com frequência. Penny tentou jogar, mas ficou totalmente entediada. O jogo é fictício, criado pelos roteiristas, embora esteja inspirado em outros similares como Magic the Gathering. Normalmente, Sheldon não tem nenhum problema para ganhar devido a sua memória eidética, fato que Raj quer aproveitar para ganhar o torneio desse jogo que é organizado por Stuart. A primeira e única motivação de Sheldon é vingar-se de Wil Wheaton, mas, quando o jogo já está quase ganho, Sheldon – utilizando Coelhinho Encantado, a carta mais inútil do jogo – decide permitir que Wheaton seja o campeão (3x05). Existem expansões do jogo que acrescentam novas cartas ao baralho. Sheldon e companhia sabem que é uma desculpa dos fabricantes para continuar vendendo, mas aceitam e compram a de Wild West and Bitches (5x10).

Navalha de Occam

Princípio metodológico e filosófico atribuído a William de Occam, segundo o qual "se em tudo o mais forem idênticas as várias explicações de um fenômeno, a mais simples é a melhor" [*pluralitas non est ponenda sine necessitate*]. Isso implica que, quando duas teorias competem entre si, a mais simples tem mais probabilidades de ser a correta. Assim, quando Leonard encontra uma carta na lata do lixo e pergunta a Sheldon o que fazia ali, ele responde: "Sempre há a possibilidade de que uma lata de lixo tenha se formado espontaneamente ao redor da carta, mas a navalha de Occam sugeriria que alguém a jogou ali." (1x09) A busca da explicação mais simples como princípio básico é utilizada na ciência como uma regra geral para guiar os cientistas no desenvolvimento de modelos teóricos, pelo menos até aparecer uma explicação melhor, embora mais complexa. De certo modo, é o que quis dizer Einstein quando afirmou: "Tudo deve ser tão simples quanto possível, mas não mais."

Neil de Grasse Tyson

Astrofísico e diretor do Hayden Planetarium de Nova York que acabou ficando no centro da controvérsia ao mudar o status de Plutão como planeta – Plutão foi retirado de sua posição como o nono planeta na exibição do centro. Tyson explicou que queria mostrar os elementos em comum entre os objetos, agrupando os planetas terrestres em uma categoria, os gigantes de gás em outra, e Plutão com objetos similares, abandonando a ideia de simplesmente contar astros. Depois comentaria em vários programas de televisão que essa decisão fez com que recebesse grandes quantidades de e-mails ameaçadores, muitos de crianças. Um deles é de Sheldon, que a primeira coisa que faz ao conhecê-lo é recriminar sua decisão. "Conheço bastante o dr. Tyson. Ele é responsável pelo rebaixamento de Plutão do status planetário. Eu gostava de Plutão. *Ergo* não gosto de você" (4x07). O diretor se defende argumentando que, anos mais tarde, a União Astronômica Internacional aceitou a mudança de Tyson mudando também o status de Plutão, considerando-o um planeta anão. No entanto, Sheldon não quer escutar explicações e manda que se cale.

Nicolau Copérnico

Astrônomo polonês do Renascimento que propôs um novo modelo de Universo que rompia com a concepção de Aristóteles, vigente desde a época clássica. Ao contrário das ideias do filósofo, que colocava a Terra como centro do Cosmos, o sistema heliocêntrico de Copérnico situava o Sol no centro do Universo, com todos os planetas, incluída a Terra, dando voltas ao seu redor. Copérnico também determinou que a Terra se movia, ao mesmo tempo, sobre o próprio eixo, que tem uma inclinação. O modelo de Copérnico é parte das lições de física elementar que Sheldon oferece a Penny (3x10) e também é nomeado na partida de Pictionary que jogam os rapazes contra as garotas (6x04).

Niels Bohr

Físico dinamarquês que realizou contribuições fundamentais para a compreensão da estrutura do átomo. Bohr apresentou seu modelo atômico em 1913 para explicar como os elétrons podem ter órbitas estáveis ao redor do núcleo e por que os átomos apresentavam espectros de emissão característicos (dois problemas ignorados no modelo anterior de Ernest Rutheford). O modelo de Bohr incorporava ideias de Albert Einstein e, devido a sua simplicidade, ainda é utilizado frequentemente como uma simplificação da estrutura da matéria. Nesse modelo, os elétrons giram em órbitas circulares ao redor do núcleo. Bohr argumentou que os elétrons somente podiam se mover em órbitas específicas, cada uma das quais caracterizada por seu nível energético. Bohr supôs, além disso, que o momento angular de cada elétron só podia variar em frações inteiras da constante de Max Planck (ver *Max Planck*). Niels Bohr faz parte das aulas de física que Sheldon dá a Penny (3x10), e seu modelo atômico consta do tabuleiro do jogo Research Lab, criado por Sheldon (3x07).

Oompa Loompa

Personagens do conto *Charlie e a Fábrica de Chocolate*, escrito por Roald Dahl, que trabalham de forma incansável na fábrica de Willy Wonka em troca de cacau. São incrivelmente trabalhadores, todos têm o mesmo tipo de rosto e utilizam diferentes roupas de uma peça só, de acordo com suas funções. Simbolizam o operário, entendido como a simples peça de uma grande engrenagem que está acima deles. Sheldon utiliza essa palavra para se referir aos engenheiros, como Howard, aos quais chama de Oompa Loompa da ciência. "Nobres trabalhadores semiqualificados que executam a visão daqueles que pensam e sonham" (1x12).

Paintball

Esporte de inspiração militar no qual os participantes utilizam pistolas de ar comprimido para disparar pequenas bolas cheias de tinta em outros jogadores. Trata-se de um jogo que mistura habilidades físicas e estratégias, no qual é básica a organização em equipe. Esse não é precisamente o ponto forte de Sheldon e seus amigos, que perdem de forma sistemática por causa de sua falta de entendimento. O principal motivo de conflito costuma ser decidir quem dá as ordens, sendo Sheldon quem reclama ser o jogador de mais alta categoria e quem atribui suas derrotas "à inabilidade de alguns em seguir a cadeia de comando" (1x06). É frequente surgirem discussões durante o jogo que vêm de outros problemas que não têm nada a ver com o *paintball*, e em alguma ocasião uns acabaram disparando contra os outros (2x16). No entanto, a equipe também teve alguns momentos de glória, como na ocasião em que Sheldon se sacrificou para motivar o restante de seus companheiros (5x01).

Paul Dirac

Físico teórico britânico cuja contribuição foi fundamental para o desenvolvimento da mecânica quântica e da eletrodinâmica quântica. Entre suas descobertas, formulou a equação de Dirac, que descreve o comportamento dos férmions (um dos dois tipos básicos de partículas que existem na natureza; o outro são os bósons, como o de Higgs) e com o qual previu a existência da antimatéria (uma forma de matéria composta de antipartículas e cujo contato com a matéria tem como resultado a aniquilação mútua).

Em 1931, Dirac mostrou que a existência de um único monopolo magnético (ver *Monopolo magnético*) no Universo seria suficiente para explicar a quantificação da carga elétrica. Essa proposta recebeu muita atenção, mas até essa data não há nenhuma prova convincente da existência de monopolos. Sheldon envia uma proposta à National Science Foundation para liderar uma expedição ao Polo Norte e provar a existência de monopolos magnéticos que se movem muito lentamente (2x23). Durante a expedição, Sheldon acreditou ter descoberto evidências dessa existência, provando assim a Teoria das Cordas (ver *Teoria das Cordas*), mas seus dados tinham sido alterados intencionalmente por Leonard, Howard e Raj (3x01).

Em 1933, Dirac dividiu o Prêmio Nobel de Física com Erwin Schrödinger (ver *Gato de Schrödinger*) pela descoberta de novas formas produtivas da teoria atômica. É um físico de referência para Sheldon, que ficou bravo quando Amy questionou sua importância (4x03).

Pedra-Papel-Tesoura-Lagarto--Spock

Variação criada por Sam Kass do clássico jogo Pedra-papel-tesoura (joquempô) que introduz dois personagens do universo *Jornada nas Estrelas*: lagarto e Spock. Esses dois novos elementos tornam o jogo muito mais complexo e imprevisível e complicam as normas, que ficam assim: tesoura corta papel, papel cobre pedra, pedra esmaga lagarto, lagarto envenena Spock, Spock esmaga tesoura, tesoura decapita lagarto, lagarto come papel, papel contesta Spock, Spock vaporiza pedra e pedra esmaga tesoura. Os rapazes jogam essa versão do jogo clássico para resolver disputas, como o que vão ver na televisão (2x08). Também tentam convencer Kripke a utilizar o jogo para decidir quem ficará com o escritório do professor Rothman quando a sala fica vaga (5x17).

O Planeta dos Macacos

Clássico do cinema de ficção científica. Baseado no romance escrito por Pierre Buelle, estreou em 1968, protagonizado por Charlton Heston, entre outros. A filme narra a história do astronauta George Taylor, que é obrigado a realizar uma aterrissagem forçada com sua tripulação em um planeta habitado por símios inteligentes. Originalmente, o roteirista do filme foi Rod Serling, criador da série *A Dimensão Desconhecida*, mas seu trabalho foi descartado porque implicava um investimento muito elevado. Por fim, a adaptação do roteiro ficou a cargo de Michael Wilson. Leonard, Howard e Raj vão ao cinema ver uma maratona de *O Planeta dos Macacos* (que inclui a refilmagem de Tim Burton) para assim evitar se encontrar com Sheldon, que está resfriado e tenta localizá-los por todos os meios disponíveis (1x11).

O Planeta Proibido

Filme de ficção científica de 1956, dirigido por Fred M. Wilcox com roteiro de Cyril Hume e um elenco no qual se destacam Walter Pidgeon, Anne Francis e Leslie Nielsen. Foi o primeiro filme do gênero ambientado em sua totalidade em outro planeta, longe da Terra, e é considerado o precursor dos filmes de ficção científica. Sheldon e Leonard têm em seu apartamento um pôster do filme, que narra a história de uma expedição que sai em busca de uma nave espacial com a qual perderam contato. No entanto, encontram um dos membros de sua tripulação através do rádio, e esse manda que voltem, já que a zona não é segura e, além do mais, eles não precisam de ajuda.

Planolândia

Mundo criado pelo escritor britânico Edwin Abott em seu romance homônimo. Trata-se de um mundo bidimensional no qual vivem figuras geométricas. As mulheres são segmentos simples, ao passo que os homens são polígonos regulares com um número variável de lados. O narrador é um quadrado, membro da classe alta dessa sociedade de figuras geométricas, que guia o leitor através das normas da vida em duas dimensões. A obra, escrita sob pseudônimo em 1884, foi escrita como uma sátira aos rígidos costumes de sua época, embora com o tempo tenha adquirido maior significado pela contribuição que deu ao estudo das dimensões. Sheldon leu a obra e é um apaixonado pelo mundo geométrico de Planolândia. Talvez porque seja organizado e limpo, tal como seria seu mundo ideal. Quando quer se desconectar, Sheldon fecha os olhos e viaja mentalmente à Planolândia (3x12), uma atividade na qual tenta envolver Raj, sem muito sucesso.

Princípio antrópico

Princípio que estabelece que qualquer teoria válida sobre o Universo deve ser compatível com a existência do ser humano (a palavra antrópico vem do grego *anthropos*, que significa homem). O enunciado clássico desse princípio diz que "o mundo é necessariamente como é porque há seres que se perguntam por que é assim". Ou como Sheldon a expõe: "Se quisermos explicar por que nosso Universo existe da forma como existe, a resposta é que deve ter qualidades que permitem o crescimento de criaturas inteligentes que são capazes de fazer a pergunta." Ante o debate, que os rapazes têm durante o almoço, Raj está de acordo com ele (6x01). Ambos seguem os argumentos de Stephen Hawking (ver *Stephen Hawking*), que também afirma que se o Universo não fosse como é (se não houvesse evoluído como evoluiu) nós não existiríamos e, portanto, se perguntar por que existimos não tem sentido. Um trabalho de John D. Barrow e Frank J. Tipler de 1986 vai ainda mais longe e argumenta que a existência da vida inteligente é uma consequência cosmológica da evolução do Universo.

Quadribol

Esporte fictício que praticam os personagens da saga literária *Harry Potter* (ver *Harry Potter*). É praticado pelos estudantes de escolas de magia, como Hogwarts, e sua característica fundamental é que os jogadores se deslocam pelo ar montados em vassouras mágicas. Quando Howard descobre que Sheldon é um especialista em futebol americano, afirma que nunca teria imaginado e explica que ele parece mais um especialista em quadribol (3x06).

Quarteto Fantástico

Grupo de super-heróis do universo Marvel criado pelo roteirista Stan Lee (ver *Stan Lee*) e o desenhista Jack Kirby em 1961. Era considerado um título-chave da idade de prata das HQs de super-heróis, que se caracterizou por introduzir recursos de ficção científica para explicar as origens dos personagens e acrescentar elementos de costumes para torná-los mais realistas. O Quarteto Fantástico adquiriu suas habilidades super-humanas depois que o foguete experimental criado pelo cientista Reed Richards atravessou uma tormenta de radiação cósmica em seu voo de teste. Ao aterrissar, os quatro passageiros da nave descobriram que tinham sido transformados e que possuíam novas e estranhas habilidades. Assim, Reed Richards se converte em Sr. Fantástico, Sue Storm na Garota Invisível, Johnny Storm em Tocha Humana e Ben Grimm em A Coisa. Ao contrário de quase todos os super-heróis, as identidades do Quarteto Fantástico não são secretas, e eles desfrutam de um status de celebridade cada vez que vencem um inimigo, particularmente o insistente Dr. Doom. No dia em que Howard se casa com Bernadette (5x24), ele dá de presente a Leonard, Sheldon e Raj a terceira edição do HQ *Quarteto Fantástico*. "Aquela no qual o Sr. Fantástico e a Garota Invisível se casam."

Red Dead Redemption

Videogame pertencente ao gênero do faroeste da empresa Rockstar Games. Faz parte da categoria dos jogos sandbox. Isso é, oferece ao jogador um mundo amplo e detalhado que ele pode explorar por sua conta, escolhendo voluntariamente o caminho que seguirá, ou também pode seguir a história que é proposta através da narração. Esse estilo de videogame rompeu a estrutura linear que caracteriza o videogame tradicional (de uma tela à outra) para adotar uma estrutura não linear. No caso de Red Dead Redemption, o mundo a explorar se situa em Armadillo, um povoado na fronteira entre os Estados Unidos e o México, que cumpre com todos os elementos tradicionais de um faroeste. Sheldon se dedica a passear pelo povoado, vagando sem fazer nada concreto, e depois de uma difícil noite com Amy, vai ao *saloon* para beber e esquecer seus problemas. Quando oferece um uísque a Leonard, ele recusa a ideia, argumentando que depois tem de jogar uma partida de Grand Theft Auto, um videogame também desenvolvido pela Rockstar Games e de características similares (na verdade foi o que popularizou a dinâmica sandbox). Em Grand Theft Auto é imprescindível dirigir, por isso Leonard brinca com a ideia de que não pode ingerir uísque em um videogame e depois dirigir bêbado no outro. (5x12).

Red Dwarf

Série de televisão britânica que estreou em 1988 e realiza uma delirante paródia de ficção científica. Todos os elementos do gênero estão ali, a começar pela nave na qual vivem os últimos sobreviventes de uma grande catástrofe e que perambula à deriva. O protagonista é Dave, astronauta que sobreviveu à explosão de radiação que matou o resto da tripulação porque nesse momento havia sido condenado a passar vários anos em hibernação. É acompanhado por um holograma, o computador de bordo, e um gato evoluído que conseguiu sobreviver ao acidente. A série narra os inúteis esforços dos personagens para regressar à Terra e toca nos grandes temas da ficção científica: universos alternativos, viagens no tempo, inteligência artificial etc. Sheldon tem a série completa em DVD (5x15).

Richard Feynman

Físico norte-americano, considerado um dos mais importantes de seu país no século XX. Feynman realizou grande parte de seu trabalho no Instituto Tecnológico da Califórnia, o Caltech, onde também trabalham Sheldon, Leonard, Raj e Howard. Sua teoria mais importante é a da eletrodinâmica quântica, que descreve os fenômenos que implicam as partículas eletricamente carregadas que operam reciprocamente por meio da força eletromagnética.

É uma das teorias contemporâneas mais precisas, capaz de fazer previsões de até vinte casas decimais de precisão, resultado pouco frequente nas teorias físicas anteriores. Por esse motivo, a teoria foi chamada "a joia da física", e graças a ela Feynman recebeu o Prêmio Nobel de Física em 1965.

Também desenvolveu os diagramas de Feynman, um recurso gráfico para compreender e calcular a interação de partículas no espaço-tempo. Esses diagramas o ajudaram a se aproximar da reversibilidade no tempo e outros processos fundamentais, e são parte inseparável da Teoria das Cordas. Richard Feynman trabalhou incansavelmente durante toda a vida, e inclusive em períodos de férias continuava trabalhando no laboratório de amigos. Um fato que faz Sheldon se negar a tirar férias (5x16). Além de pesquisar, durante seu período no Caltech, Feynman também realizou uma série de conferências que são muito conhecidas no mundo científico, que levou a maioria dos físicos a considerá-lo um dos grandes mestres do ensino da física. Essas conferências estão reunidas em um livro intitulado *The Feynman Lectures on Physics*, que Howard dá de presente a Leonard em seu aniversário (1x16).

Richard Wagner

Compositor alemão do Romantismo que se destaca principalmente por suas óperas, nas quais assumiu também o libreto e a cenografia. Transformou o pensamento musical com a ideia da "obra de arte total" (*Gesamtkunstwerk*), a síntese de todas as artes poéticas, visuais, musicais e cênicas, que desenvolveu em uma série de ensaios entre 1849 e 1852, e que estampou na primeira metade de sua monumental tetralogia *O Anel do Nibelungo*. Precisamente um dos volumes dessa saga é *A Valquíria* (*Die Walküre*), cuja introdução ao terceiro e último ato, conhecido como *A Cavalgada das Valquírias*, faz parte da coleção de músicas heroicas que Raj elabora quando todo o grupo se dirige de carro para enfrentar Todd Zarnecki (4x19). As valquírias são quatro, como nossos protagonistas, e nesse trecho da obra cantam seu grito de guerra clamando por vingança.

Robert Oppenheimer

Físico norte-americano conhecido popularmente como "o pai da bomba atômica". Durante sua juventude publicou muitas contribuições importantes à então recém-desenvolvida mecânica quântica (ver *Mecânica quântica*), especialmente a tese *Aproximação de Born-Oppenheimer*, que facilita o cálculo da energia das moléculas, separando o movimento nuclear do movimento eletrônico no tratamento matemático. Durante aqueles anos, Oppenheimer foi professor no Caltech, centro onde também realizam suas pesquisas Sheldon e companhia. Quando a Segunda Guerra Mundial teve início, Oppenheimer se envolveu nos esforços norte-americanos para fabricar uma bomba atômica. Foi o diretor do projeto Manhattan, que investiu múltiplos recursos no desenvolvimento da primeira arma nuclear no laboratório nacional de Los Álamos. O projeto agrupou grande quantidade de eminências científicas. Sabia-se que a fusão do átomo era possível e que os nazistas estavam trabalhando no próprio programa nuclear, por isso começou uma corrida contra o relógio.

O objetivo era conseguir fabricar a bomba atômica antes dos alemães, e conseguiram: Oppenheimer realizou a primeira explosão nuclear em 1945 em um teste que se chamou Trinity. No entanto, depois de desenvolvida a arma, o governo dos Estados Unidos, em plena guerra contra o Japão, decidiu usá-la contra a população civil, apesar da oposição de muitos dos cientistas que tinham participado no projeto. Em 1945 foram lançadas duas bombas: uma sobre Hiroshima e outra sobre Nagasaki. Oppenheimer foi tomado por um enorme sentimento de culpa e horror, embora nunca tenha dito que se arrependeu de fabricar a arma. Apesar disso, Leonard o cita para se desculpar com Penny (1x02). Sua figura ainda hoje é controvertida no mundo científico, mas apesar de tudo é um físico admirado por Sheldon, que quando adotou um gato decidiu chamá-lo de Oppenheimer (4x03).

Rock Band

Videogame musical desenvolvido pela Electronic Arts no qual os comandos têm forma de instrumentos musicais como uma bateria, uma guitarra e um baixo. Também pode ser conectado a ele um microfone. Os jogadores devem seguir o ritmo marcado na tela e apertar os botões dos instrumentos para reproduzir uma canção, provocando a ilusão de que estão tocando como um grupo de música real. Sheldon e companhia têm a própria banda de Rock Band, mas não são bons. "Estamos apenas encontrando nosso som", explica Howard. "Já encontraram", afirma Penny. "É o som de um gato sendo atropelado por um cortador de grama" (2x15).

Roseanne

Série de televisão muito popular nos anos 1990 que foi a primeira a retratar uma família da classe trabalhadora norte-americana. Protagonizada por Roseanne Barr e John Goodman, a série mostrava as dificuldades do casal para chegar ao fim do mês, apesar de contar com o salário dos dois (naquela época não havia séries que mostrassem o pai e a mãe da família trabalhando fora de casa, pois o mais habitual na ficção era que ele ganhasse dinheiro e ela cuidasse da casa). Sheldon e companhia não mencionam em nenhum momento essa comédia, mas a conexão com *The Big Bang Theory* é evidente, pois ambas dividem vários atores. Leonard é interpretado por Johnny Galecki, que apareceu na série como o namorado da filha mais velha da família, interpretada pela atriz Sara Gilbert, que em *The Big Bang Theory* interpreta Leslie Winkle (curiosamente ambos também têm uma relação). A mãe de Sheldon é interpretada pela atriz Laurie Metcalf, que em *Roseanne* era a irmã da protagonista. E não podemos esquecer a atriz Sara Rue, que em *The Big Bang Theory* interpreta Stephanie Barnette, uma garota que se apresenta como caso de Howard, mas que depois começa a sair com Leonard (2x08), e que em *Roseanne* apareceu interpretando uma versão mais jovem de Roseanne. Essas coincidências acontecem porque Chuck Lorre, um dos criadores de *The Big Bang Theory*, tinha sido roteirista de *Roseanne*. Outro que também se repete atrás das câmeras é Mark Cendrowski, que dirigiu vários episódios em ambas as séries.

Rupert Murdoch

Fundador, presidente e diretor da News Corporation, a segunda maior empresa de meios de comunicação do mundo. Entre as múltiplas ramificações de seu conglomerado encontra-se o canal de televisão Fox, que emite vários programas e séries de televisão. Uma delas foi Firefly (ver Firefly), uma das séries favoritas de Sheldon, que foi cancelada. Desde então, Sheldon considera Rupert Murdoch um traidor (3x15).

Saturn 3

Filme de ficção científica e suspense dirigido por Stanley Donen com roteiro do escritor Martin Amis. Lançado em 1980, narra a história de um casal de cientistas que vive há anos em uma estação espacial chamada Saturn 3. Eles realizam sua pesquisa e têm uma vida tranquila, desfrutando do isolamento do espaço, que supõe um contraste em comparação com a vida na Terra. Sua situação idílica mudará com a chegada do Capitão Benson – que vem enviado da Terra para substituir um dos dois por um robô – a Saturn 3. O filme combina uma história angustiante com temas clássicos do gênero da ficção científica e é um dos favoritos de Sheldon, que o defende contra Raj (2x08).

Saul Perlmutter

Astrofísico norte-americano, diretor do Supernova Cosmology Project, pesquisa com a qual conseguiu encontrar evidências sobre a aceleração da expansão do Universo, descoberta pela qual ganhou o Prêmio Nobel de Física em 2011. Sheldon e Leonard veem a cerimônia pela televisão direto de Estocolmo, e Sheldon não se controla e afirma que é um prêmio imerecido. "Olhe para o dr. Saul Permutter ali, agarrando o Prêmio Nobel. Qual é o problema, Saul? Está com medo de que alguém o roube, como você roubou a constante cósmica de Einstein?" E depois acrescenta: "Oh, agora Perlmutter está apertando a mão do rei. Cuidado com o relógio, Gustaf. Ele pode roubá-lo" (5x11). Sheldon o considera um físico medíocre e, quando a sra. Cooper, sua mãe, o visita em Pasadena, o plano que tem previsto é levá-la a uma conferência de Saul Perlmutter para que veja como o humilha durante a fase de perguntas. No entanto, ela prefere dedicar-se a outras atividades (5x06).

Scanners

Filme de David Cronenberg que mistura os gêneros de terror e ficção científica em uma história na qual vários personagens com poderes psíquicos têm a capacidade de explodir a cabeça de outras pessoas. O filme gira ao redor dos esforços de uma empresa de armamento chamada ConSec para localizar essas pessoas e utilizá-las para benefício próprio. Sheldon conhece muito bem o filme e, quando fica bravo com Leonard, coloca seus dedos na testa e olha fixamente para ele, imitando o ataque psíquico que utilizam os personagens de *Scanners*. Felizmente, a cabeça de Leonard não explode (1x09).

Second Life

Mundo virtual que pode ser acessado gratuitamente através da internet. Foi desenvolvido em 2003 pela empresa Linden Lab. Seus usuários, conhecidos como "residentes", podem interagir entre si através de um avatar de fabricação própria e explorar o mundo virtual, participar em atividades e estabelecer relações sociais. Por isso se chama "segunda vida", pois funciona em paralelo à vida primária. Howard tem a própria vida no Second Life, onde possui uma luxuosa casa com piscina... ambas virtuais (1x03).

Secret Agent Laser Obstacle Chess

Jogo inventado pelos rapazes que funciona como o xadrez clássico, com a diferença de que, antes de mover uma peça, cada jogador deve cruzar o aposento se esquivando de alguns *lasers* que só podem ser vistos utilizando um spray de cor verde. Enquanto um participante se contorce para passar entre os *lasers*, os demais jogadores cantarolam uma música que lembra a de qualquer filme ou série com um agente secreto em ação (2x18).

O Senhor dos Anéis

Romance de fantasia épica escrito pelo filólogo e escritor J. R. R. Tolkien, entre 1937 e 1949 e publicado, dividido em três volumes por causa de sua extensão, em 1954. A história é a peça mais sólida e extensa de um conjunto de relatos do escritor sobre um universo próprio que chama de Terra Média e que está inspirado pelos poemas épicos nórdicos, que o próprio Tolkien estudou como filólogo. A intenção do autor era criar uma mitologia para a Inglaterra, de modo que sua Terra Média era um reflexo do próprio país, e a personalidade das criaturas protagonistas, os hobbits, e o cenário da Comarca representavam, de forma idílica, o espírito rural da Inglaterra na qual Tolkien cresceu, e que enfrentava a Inglaterra industrial na qual estava se convertendo, representada pela obscuridade de Mordor. No entanto, a obra esteve sujeita a múltiplas interpretações por parte de muitos críticos, embora algumas delas, como o paralelismo da luta entre os aliados e a Alemanha da Segunda Guerra Mundial, tenham sido negadas pelo autor, que nunca quis que sua obra fosse reduzida a uma simples alegoria.

A premissa que *O Senhor dos Anéis* apresenta é a existência de um anel do poder, chamado o Um Anel, que cai, através de uma herança, nas mãos do protagonista, Frodo Bolseiro. Esse anel foi criado por Sauron, o Senhor Escuro, que ameaça submeter os povos livres da Terra Média, e contém em si mesmo um grande poder, mas é um poder maligno e sombrio, de modo que não pode ser utilizado para fazer o bem. Os que tentaram utilizar o Um Anel sucumbiram a ele, corrompidos pelo poder sombrio que contém, obcecados por possuí-lo e preservá-lo. E isso inclui Sheldon e seus amigos que, quando encontram uma réplica do Um Anel (uma réplica utilizada na adaptação cinematográfica de *O Senhor dos Anéis*), acabam discutindo entre si e brigando. Leonard é, a princípio, o encarregado de custodiá-lo, por isso faz o papel de Frodo Bolseiro, enquanto Sheldon faz um papel similar ao de Gollum, a criatura corrompida pelo anel, e tenta roubá-lo, ao mesmo tempo que repete frases como "meu tesouro" e "meu precioso", ambas típicas do Gollum. Por fim, Leonard anuncia que devolveu o Um Anel enviando-o a Peter Jackson, o diretor dos filmes, o que seria o equivalente a lançar o Um Anel no fogo da Montanha da Perdição, a única maneira de destruir o objeto, segundo o livro. No entanto, Leonard mentiu, pois decidiu ficar com o anel (3x17).

Não é a única ocasião em que Leonard faz o papel de Frodo Bolseiro. Na verdade, ele se fantasia de Frodo na festa de Penny, onde foi importunado por Kurt. Embora inicialmente Kurt o humilhe na frente dos demais, no final da festa Penny se cansa de Kurt e decide ficar com Leonard, o que não deixa de ser uma reivindicação da figura do hobbit. No livro, eles são descritos como criaturas que são pouca coisa em relação às diversas raças da Terra Média. No entanto, podem surpreender e serem capazes de realizar façanhas impensáveis, como ficar com Penny (1x06). Leonard volta ao papel de Frodo mais adiante, quando deve enfrentar Kurt novamente para pedir que devolva a Penny o dinheiro que ela lhe emprestou. Diante de uma missão tão difícil, Leonard pede a Sheldon, Howard e Raj que o acompanhem e, quando eles se negam, os faz lembrar que são seus amigos e lhes dá o papel dos inseparáveis companheiros de Frodo: Sam, Merry e Pippin. "Quando Frodo deixou o Condado para levar o anel a Mordor, Sam, Pippin e Merry não foram com ele?", apela Leonard (2x14). No entanto, o personagem favorito de Sheldon é Bilbo Bolseiro, o protagonista de *O Hobbit*, romance que precede *O Senhor dos Anéis*, de onde ele se origina. Sheldon e Leonard pensam em comprar uma réplica da adaga de Bilbo na loja de Stuart (5x05), mas pensam que ficarão ridículos e optam pela espada de Jon Snow em Game of Thrones (ver *Game of Thrones*).

Sim City

Videogame criado por Will Wright, um dos desenvolvedores mais reconhecidos dessa indústria (criador também dos Sims e Fable), e lançado pela primeira vez em 1989, embora viesse a ter múltiplas expansões. Propõe ao jogador o desafio de criar, gerir e evoluir a própria cidade virtual como se fosse uma cidade real. O jogador começa com um mapa em branco e um orçamento limitado. Entre os primeiros passos deve assegurar que os cidadãos recebam serviços básicos, como a energia elétrica, e tenham acesso a saúde e educação. A fonte principal de ingressos da cidade são os impostos, que o jogador deve alterar e gerir com habilidade para conseguir diferentes resultados. Sheldon joga Sim City, onde criou a própria cidade, chamada Sheldonópolis (3x18).

Spock

Personagem da série de televisão *Jornada nas Estrelas* (ver *Jornada nas Estrelas*) com o qual Sheldon se sente plenamente identificado, e o mais carismático dos tripulantes da nave Enterprise. É filho de um vulcano e uma humana, e na infância essa origem era motivo de chacota de seus companheiros, exatamente como acontecia com Sheldon. Em seu íntimo Spock sofre o conflito entre a razão e a lógica de sua metade vulcana e a emoção e intuição de sua metade humana, embora, para os cânones humanos, Spock seja sem dúvida lógico, outra característica que compartilha com Sheldon. Podemos diferenciar seu trabalho na Enterprise em três etapas. Na primeira, como tenente do Capitão Pike, e a segunda sob as ordens do Capitão Kirk como primeiro oficial e oficial cientista da nave. Quando já era comandante, Spock pediu demissão para regressar a Vulcano e continuar seu treinamento kolinahr (ver *Kolinahr*). Um ano mais tarde, retomou suas funções na Enterprise, começando sua terceira etapa, na qual foi o Capitão Spock.

Nessa última etapa, Spock empreendeu um ato de sacrifício baseando-se na ideia de que o bem da maioria está acima dos interesses de uma minoria, ou de si mesmo. Essa é uma cena-chave do filme *Jornada nas Estrelas II: a fúria de Khan*, da qual Leonard e Sheldon repetem palavra por palavra quando esse último tenta convencer o primeiro a se unir à sua equipe de boliche. "Tenho que citar as palavras moribundas de Spock? As necessidades de muitos superam as necessidades de poucos...", começa Leonard/Kirk, "Ou de um", completa Sheldon/Spock. Como Spock é um modelo de referência para Sheldon, é frequente os amigos apelarem a seus atos ou suas palavras para conseguir que Sheldon faça algo contra sua vontade. Assim, quando Howard e Raj tentam convencer Sheldon que se encontre com Amy, eles lembram que até Spock tinha um encontro a cada sete anos (3x23), e Sheldon acaba cedendo.

As semelhanças entre Sheldon e Spock aparecem em outras ocasiões. Seja através do uso do adjetivo "fascinante" por parte de Sheldon (2x02), um dos favoritos de Spock, ou fazendo notar habilidades comuns, como uma excelente capacidade auditiva. "Maldita audição vulcana!", exclama Leonard (3x01) repetindo a mesma frase que usava o Capitão Kirk. Em outras ocasiões é sua forma de reagir ante os mesmo fatos. Quando Penny pergunta a Sheldon "Como você se sente?", ele responde "Não entendo a pergunta" (1x09); essa é a mesma resposta que Spock dá a sua mãe em *Jornada nas Estrelas IV*. Ou também podem ser buscadas semelhanças de aspecto: quando os rapazes voltam de sua expedição ao Polo Norte, Sheldon usa uma barba que é idêntica à de Mirror Spock (3x01), a versão do Spock no universo alternativo.

A fascinação de Sheldon por Spock é absoluta, e ele a demonstra fazendo com frequência a saudação vulcana, que acompanha com as famosas palavras "vida longa e próspera". Também é obcecado pelo ator que o interpretou, Leonard Nimoy (ver *Leonard Nimoy*).

Stan Lee

Roteirista e editor de quadrinhos norte-americano e criador de alguns dos personagens mais notáveis, por sua complexidade e realismo, do gênero dos super-heróis. É o criador, ao lado de desenhistas como Jack Kirby e Steve Ditko, de personagens como Hulk (ver *Hulk*), Homem de Ferro (ver *Homem de Ferro*), Daredevil (ver *Daredevil*) e de grupos de super-heróis como os X-Men (ver *X-Men*) ou o Quarteto Fantástico (ver *Quarteto Fantástico*). É o principal responsável pela expansão da Marvel Comics, que graças a ele evoluiu de uma pequena casa publicitária a uma grande corporação multimídia que participa nas adaptações cinematográficas de seus personagens (em muitas delas, Stan Lee faz participação especial). Em certa ocasião, Stan Lee realiza uma sessão de autógrafos na loja de Stuart. No entanto, Sheldon não pode ir à sessão, pois precisa assistir a um julgamento no qual se envolveu por culpa de Penny. Para compensá-lo, ela consegue o endereço da casa de Stan Lee, e os dois vão bater em sua porta para pedir um autógrafo. Stan Lee não gosta nada da visita, mas Sheldon não se importa e entra em sua casa sem permissão, enquanto Penny tenta se desculpar. O resultado é que até o dia de hoje Sheldon tem uma ordem de restrição pedida por Stan Lee (3x16).

Jornada nas Estrelas

Série de televisão de ficção científica criada por Gene Roddenberry em 1966 e que é um clássico referencial do gênero. Segue as aventuras da tripulação da nave Enterprise, cujo objetivo é repetido no início de cada episódio, e consiste em "explorar estranhos mundos novos, procurar novas vidas e civilizações, ousar ir aonde nenhum homem jamais foi". *Jornada nas Estrelas* se caracterizou pela sobriedade de seus cenários. Uma sobriedade que respondia ao interesse de Gene Roddenberry de criar uma série de ficção científica que estivesse fortemente baseada no presente e fosse um reflexo da sociedade do espectador. Assim, em cada episódio encontramos uma aventura espacial, mas também um conto moral. Os protagonistas têm valores altruístas, ideais que devem aplicar a dilemas que são difíceis de resolver. Muitos dos conflitos da série original representam realidades políticas e culturais dos anos 1960, e as séries posteriores continuaram refletindo problemas de suas respectivas décadas. Alguns dos temas habituais da série foram a guerra, a paz, a lealdade, o autoritarismo, o imperialismo, os problemas econômicos, o racismo, os direitos humanos, a religião, o sexismo ou o crescente papel da tecnologia em nossa vida.

A intenção de *Jornada nas Estrelas* é mostrar à humanidade em que ela poderia se converter se aprendesse as lições do passado, especialmente aquelas que têm a ver com o fim da violência. Um dos exemplos mais evidentes é a raça dos vulcanos, que conseguiu deixar para trás seu passado violento. Esse objetivo é logrado colocando seus personagens diante de novas situações que devem resolver de uma forma moralmente perfeita. A série viveu múltiplas etapas, embora talvez a mais popular seja a protagonizada pelo Capitão Kirk, interpretado por William Shatner, e o primeiro oficial Spock (ver *Spock*), interpretado por Leonard Nimoy. Também é muito conhecida *Jornada nas Estrelas: a nova geração*, transmitida no final dos anos 1980, em que o Capitão Jean-Luc Picard, interpretado por Patrick Stewart, dirigiu a Enterprise.

Antes de aceitar Leonard como companheiro de apartamento, Sheldon pergunta de quem ele gosta mais, Kirk ou Picard, uma pergunta clássica entre os fãs da série. Leonard responde que prefere *Jornada nas Estrelas* original em vez de *Jornada nas Estrelas: a nova geração*, mas por outro lado escolheria Picard como capitão no lugar de Kirk, de modo que dá como resposta um cruzamento entre ambas as séries. Sheldon concorda e aprova sua decisão (3x22). Em consequência, durante o desenvolvimento da série, apareceram como convidados membros do elenco de ambas as séries, interpretando a si mesmos. Da original, aparecem Leonard Nimoy (ver *Leonard Nimoy*) e George Takei (ver *George Takei*), e de *Jornada nas Estrelas: a nova geração* aparecem Brent Spiner (ver *Brent Spiner*), LeVar Burton (ver *LeVar Burton*) e Wil Wheaton (ver *Wil Wheaton*). Esse último tem um papel recorrente na série como inimigo de Sheldon.

Além das diferentes séries, os rapazes também discutem sobre os filmes. Sheldon e Raj mantêm constantes debates sobre sua qualidade. Sheldon acha que o melhor filme de *Jornada nas Estrelas* é o quarto, enquanto para Raj é o segundo. Tampouco se colocam de acordo sobre qual é o pior filme. Para Sheldon é o primeiro, e Raj argumenta que é o quinto. "*Jornada nas Estrelas V* tem falhas específicas no roteiro e na direção, enquanto *Jornada nas Estrelas* fracassa no geral: direção de arte, roupas, música e edição de som", Sheldon diz a um Raj impassível diante de seus argumentos (2x08).

Os rapazes com frequência estabelecem comparações entre suas vidas e a saga. Sheldon se identifica claramente com Spock e quer ser o personagem em todos os jogos possíveis (2x01). Além disso, tem em mente como seria a composição do grupo de amigos no universo da série: Leonard seria o Capitão Kirk, Howard seria Scotty e Raj o cara que sempre morre no princípio de cada episódio (2x09). Em outra ocasião, Sheldon tenta declarar que Leonard não está apto para dirigir o grupo apelando à lei 104, Seção A. Leonard lembra que a norma não pode ser aplicada porque "isso não é *Jornada nas Estrelas*" (2x09). Até Penny utiliza o universo de *Jornada nas Estrelas* para definir os rapazes e, quando tenta explicar à Alice, a nova vizinha, que eles são vulneráveis, afirma: "Eles não são como outros caras. São especiais. Não sabem como usar seus escudos", fazendo uma referência ao escudo defensivo que é usado na série (2x19). Mais tarde, ela tenta consolar Sheldon comparando a traição de seus amigos com uma cena do novo filme de *Jornada nas Estrelas,* na qual Kirk é forçado a mentir para Spock (3x01).

Mais adiante, quando Sheldon não consegue o perdão de Howard, que está bravo com ele, Penny diz que se trata de um Kobayashi Maru, o que em *Jornada nas Estrelas* se conhece como uma situação na qual não é possível vencer (4x07). Sheldon também se inspira na série para vencer Priya, que está encontrando brechas legais no Acordo de Convivência, dificultando a vida de Sheldon. Para fazer isso, Sheldon ameaça contar aos pais de Priya que ela e Leonard têm uma relação. Faz isso com um sistema de autodestruição baseado em um relógio que conta 60 segundos para trás e, quando chega a zero envia um e-mail aos pais de Priya. A ideia foi tirada de um episódio no qual o Capitão Kirk ativa uma sequência de autodestruição da Enterprise que tirará a vida dele e a de seu inimigo, a menos que seu inimigo desista. A ideia, por incrível que pareça, é de Penny (4x21).

Os rapazes também utilizam diversas expressões tiradas da série. Sheldon cita trechos do filme *Jornada nas Estrelas II* para clamar vingança contra Wil Wheaton (3x05). E a cena na qual grita o nome de Wil Wheaton enquanto a câmera se afasta imita uma cena do segundo filme de *Jornada nas Estrelas*, no qual Kirk grita o nome de Khan (3x05 e 3x19). Em uma discussão entre eles, Sheldon exclama "resistência é fútil", mensagem com a qual se identifica a coletividade borg em *Jornada nas Estrelas: a nova geração* (3x17), e Leonard cita o Capitão Kirk para definir ironicamente o trabalho de Howard com o banheiro espacial, dizendo que servirá para os astronautas para "ir ousadamente aonde nenhum homem foi antes" (2x22). Para colocar em marcha seu experimento de disparar um *laser* à lua, Sheldon grita "Que assim seja", uma frase que o Capitão Picard utilizava para que sua tripulação executasse uma ordem (3x23). Durante o torneio de boliche, Sheldon tenta conectar-se mentalmente, como fazem os vulcanos, adotando a frase "minha mente para sua mente, meus pensamentos para seus pensamentos", que converte em: "Meus pensamentos para seus pensamentos. Seus buracos são meus buracos" (3x19). Quando Sheldon dirige o carro de Penny para levá-la ao hospital, ela tenta motivá-lo para que acelere, dizendo: "Velocidade de dobra adiante, sr. Spock!" No entanto, Sheldon replica que Spock nunca pilotou a Enterprise (3x08). Quando Sheldon se despede porque decide se mudar, grava para si mesmo um vídeo no qual termina dizendo "vida longa e próspera" (3x13).

Os rapazes têm diversas fantasias das séries. Tanto que se transformam nos protagonistas de *Jornada nas Estrelas: a nova geração* para assistir a uma convenção de quadrinhos. Sheldon é Data, Leonard é Picard, Howard é um borg, e Raj, Word (6x13). Além disso, Leonard possui dois uniformes da série original, tal como revela Penny (4x18). O uniforme de *Jornada nas Estrelas* também é a inspiração de Sheldon para desenhar os uniformes de sua equipe no Torneio de Física (1x13). Além das roupas, também têm diversos objetos relacionados com a série. Entre eles destaca-se o teletransportador de *Jornada nas Estrelas* de brinquedo com o qual Penny presenteia Sheldon para agradecer por ela nunca precisar pagar pela comida. É o melhor presente que poderia dar a Sheldon, pois tem a figura de Spock que se encaixa no teletransportador (5x20). Em outra ocasião, Penny entrega a ele um guardanapo utilizado por Leonard Nimoy (ver *Leonard Nimoy*).

Sheldon tem outros costumes que delatam sua paixão por *Jornada nas Estrelas*, como o fato de manter um diário cujas datas seguem o calendário romulano (3x08). Também sabemos que aos

10 anos ele escreveu um pequeno romance situado no mundo de *Jornada nas Estrelas*. Chamou-o de *Onde Nenhum Sheldon Jamais Esteve* e evidenciava como ele se sentia deslocado em sua infância, pois se trata da história de um menino que vive em uma cidade tosca no Texas até que Spock vem buscá-lo e o leva ao século XXIII, "onde sua genialidade não só é apreciada, mas celebrada" (4x14). Embora talvez seu grau de paixão pela série fique mais evidente com dois detalhes muito significativos. Primeiro: no kit de emergência de Sheldon no caso de um apocalipse, encontra-se um pen drive com a segunda temporada de *Jornada nas Estrelas* original (3x21). Segundo: Sheldon tem em comum com Leonard, Howard e Raj o domínio do klingon (ver *Klingon*), idioma fictício da série. Essa é a marca que identifica um verdadeiro trekkie (fã de *Jornada nas Estrelas*). Howard afirma: "Você assiste à *Jornada nas Estrelas*; eu a vivo." (5x23)

Star Wars

Trilogia de filmes criados por George Lucas que retrata a luta de um grupo de rebeldes fiéis à República, que resiste como pode ao Império imposto pelo terrível Darth Vader. Entre os rebeldes se encontram alguns cavaleiros Jedi, membros de uma antiga ordem que estudam, servem e utilizam o poder da Força, poder metafísico dominante que pode ser utilizado para fazer o Bem. A Força tem um lado luminoso e um lado negro, e os cavaleiros da Ordem Jedi trabalham para manter seu equilíbrio. No entanto, há alguns Jedi, como o próprio Darth Vader, que cederam ao lado negro da Força e se corromperam, transformando-se em Sith. A guerra entre os rebeldes – que no primeiro filme descobrem seu líder, Luke Skywalker – e o Império é, então, uma luta clássica entre o Bem e o Mal situada no palco de uma galáxia distante, a qual é rica em confrontos com sabres de luz e perseguições com naves espaciais, além de todo tipo de personagens, como os androides R2D2 e C3PO e criaturas como Jar Jar Binks (ver *Jar Jar Binks*).

O primeiro filme da trilogia estreou em 1977 e foi um êxito de bilheteria absoluto, de modo que *Star Wars* se converteu em um objeto de culto que, com os anos, se tornou um ícone da cultura popular. Mais para a frente, foi realizada uma segunda trilogia, em 1999, que obteve críticas mais variadas. Seu universo se expandiu para outros meios, adotando forma de romances, séries de televisão, videogames, quadrinhos etc. Como não poderia deixar de ser, Sheldon e companhia são fãs de qualquer coisa que tenha a ver com *Star Wars*, e todos têm muitos objetos relacionados: Leonard possui a réplica de um sabre de luz (1x02), um aparelho que permite mudar sua voz para que soe como a de Darth Vader (1x14) e um xampu de Darth Vader, que faz par com um condicionador de Luke Skywalker (1x01). Howard sempre leva em sua carteira um retrato da princesa Leia com vestido metálico (2x21) e, além disso, tem dois sabres de luz pendurados em seu quarto (4x04). Raj tem uma camiseta com alto-falante que toca a *Marcha Imperial*, um trecho da trilha sonora do filme associado a Darth Vader (3x16), e toma uma bebida com Stuart utilizando xícaras de Yoda e Chewbacca (6x01). Por sua vez, Sheldon tem um capacete de Darth Vader (3x01).

Na verdade, e ao contrário do que possa parecer, Sheldon mostra frequentemente sua admiração por Darth Vader. Quando Leonard diz que eles quatro são como a Aliança Rebelde, Sheldon responde dizendo: "Oh, nunca me identifiquei com a Aliança Rebelde. Apesar de sua tendência para construir a Estrela da Morte, sempre fui muito mais um homem do Império" (4x03). Ao ficar bravo com seus amigos, tenta estrangulá-los usando a Força, como faz Darth Vader (3x01). Na verdade, sua música quando está bravo é a marcha que nos filmes toca quando aparece Darth Vader (6x14). Em outra ocasião, Leonard se sente culpado por ter traído seus amigos e diz que ele é o Darth Vader de Pasadena. Sheldon o corrige e diz que é muito baixinho para ser Darth Vader e que, quando muito, poderia ser "um Ewok traidor" (4x06). Talvez Sheldon se identifique com Darth Vader... No entanto, o resto do grupo vê semelhanças entre ele e C3PO, algo com que não concorda. "Não me pareço com C3PO. Não me entendam mal. Fico muito feliz. Simplesmente não me acho parecido" (2x21). Em uma ocasião na qual Leonard e Sheldon querem ir sozinhos a uma convenção, Howard os identifica como Han Solo e Chewbacca. "É sua Millenium Falcon. Você e Chewbacca, façam o que quiserem nela. Eu (diz, referindo-se a si mesmo como Luke Skywalker) e a Princesa Leia (Raj) vamos encontrar outra forma de passar a noite" (1x10).

Durante a série, são citados diversos trechos de *Star Wars*. Quando Dennis Kim chega ao Caltech, Sheldon diz: "Senti uma perturbação na força", uma frase habitual entre os Jedi, ao que Leonard responde: "Um mau pressentimento sobre isso tenho", desordenando a ordem das palavras como faria Yoda (1x12). Penny também cita o mestre Yoda na famosa frase que ele diz a Luke Skywalker "Faça ou não faça, tentativa não há", o que provoca Leonard a declarar seu amor (3x19). Durante a viagem que todos fazem em dois carros, Sheldon utiliza o *walkie-talkie* para se comunicar com o carro conduzido por Howard e exclama "Líder Vermelho para Vermelho Cinco!", códigos dos rebeldes (4x13). Personagens como o ator Wil Wheaton também citam *Star Wars* (apesar de sua franquia ser *Jornada nas Estrelas*), que, depois de ganhar a partida de boliche contra Sheldon manipulando Penny, diz: "Venha para o lado negro" (3x19).

Stephen Hawking

Físico e divulgador científico britânico. Seus trabalhos mais importantes até hoje consistiram em contribuir com teoremas a respeito das singularidades espaço-temporais no marco da relatividade geral. Depois de analisar emissões de raios gama, Hawking sugeriu que depois do Big Bang (ver *Big Bang*) se formaram diminutos buracos negros primitivos. Em 1974, calculou que os buracos negros deviam criar e emitir termicamente partículas subatômicas, o que hoje é conhecido como radiação de Hawking. Nesse mesmo ano foi nomeado professor convidado no Instituto de Tecnologia da Califórnia (o Caltech), onde atualmente trabalham Sheldon e companhia. Howard tem em DVD uma conferência de Stephen Hawking daquela época e sugere que todos vejam juntos (1x01). Desde então, Stephen Hawking continua tendo uma boa relação com o Centro, no qual passa um mês por ano desde 1992. Para Howard, então, surge uma oportunidade de trabalhar com ele como seu engenheiro (5x21). A notícia causa grande impacto em Sheldon, que foi um grande admirador de Stephen Hawking desde sua infância. "Ele é um gênio e tem uma voz de robô. Isso é tudo o que eu sempre quis em um amigo" (6x06). Em certa ocasião, seus amigos fizeram a brincadeira de chamá-lo por telefone fingindo ser o físico britânico (4x21). No entanto, nessa oportunidade chega a conhecer Stephen Hawking, a quem entrega seu trabalho. O físico fica impressionado com sua pesquisa, mas diz que ela tem um erro aritmético, o que supõe um grande fracasso para Sheldon (5x21). Apesar da decepção, Sheldon continuou em contato com Stephen Hawking, com quem jogava de vez em quando o jogo de palavras Words with Friends, que deixou que Hawking ganhasse só para poder manter a amizade com o físico (6x06).

Steve Wozniak

Considerado um dos pais da revolução do PC, que aconteceu nos anos 1970. Foi o primeiro a inventar um computador para uso pessoal. Naquele momento trabalhava para a Hewlett-Packard e tinha a obrigação contratual de apresentar suas ideias à empresa, que rechaçou o projeto: "Para que as pessoas vão querer um computador?", perguntaram-se. Steve Wozniak deixou o emprego e, junto com Steve Jobs, fundou a empresa Apple, tornando-se seu vice-presidente, encarregado da pesquisa e do desenvolvimento do Apple I, seu primeiro computador. Wozniak e Jobs trabalharam no computador em uma garagem e venderam seus primeiros computadores a um comerciante local para depois explodir como fenômeno. Apple I e Apple II foram os computadores mais vendidos dos anos 1970 e 1980, protagonistas da revolução tecnológica nos lares. No entanto, Steve Wozniak nunca teve grande reconhecimento público, ao contrário de Steve Jobs, que se converteu em uma figura midiática. Por outro lado, obtém a admiração de Sheldon, que o coloca no 15° lugar de sua lista de visionários tecnológicos favoritos. "Ainda está seis postos acima de Steve Jobs. Eu não me importo nem com gola rolê, nem com carisma", diz a ele quando o encontra por acaso no Cheesecake Factory (4x02). Um dos bens mais apreciados de Sheldon é um Apple II de 1977.

Summer Glau

Atriz conhecida por ser uma das protagonistas da série Firefly (ver Firefly) e também da série *O Exterminador do Futuro: as crônicas de Sarah Connor* (ver *O Exterminador do Futuro*). Ela viaja no mesmo vagão de trem que Sheldon, Leonard, Howard e Raj quando eles se dirigem à conferência de George Smoot (ver *George Smoot*). Sheldon sugere que poderia ser um truque da Skynet para acabar com a humanidade. "Se a Skynet existisse realmente no futuro, uma forma perfeita de se infiltrar e destruir a humanidade seria enviar exterminadores de volta como atores que fizeram o papel de exterminadores em filmes e séries de televisão populares, dando-nos uma falsa sensação de segurança." Enquanto isso, Howard e Raj competem por chamar sua atenção e conhecê-la, sem sucesso. Leonard também quer tentar, mas Summer Glau chega a sua estação e desce do trem (2x17).

Super-Homem

Super-herói da DC Comics considerado um ícone cultural nos Estados Unidos. Seu aspecto, que se caracteriza pelo traje azul, a capa vermelha e um grande S no peito, é reconhecido em todas as partes do mundo. Foi criado pelo roteirista Jerry Siegel e o desenhista Joe Shuster em 1932, e é chamado também de "o homem de aço". A história do Super-Homem relata que ele nasceu com o nome de Kal-El no planeta Krypton; seus pais o colocaram em uma nave espacial com destino à Terra quando era criança momentos antes da destruição de seu planeta. O menino foi descoberto e adotado por um casal de fazendeiros de Smallville, que o criaram com o nome de Clark Kent e inculcaram nele forte moral. O jovem Kent começou a mostrar habilidades super-humanas, entre as quais se destaca uma força prodigiosa e a capacidade de voar, cuja origem é objeto de discussão entre Sheldon e seus amigos. Sheldon acredita que a habilidade de voar é uma extensão de sua força. Segundo Sheldon, o Super-Homem voa graças ao reflexo da Lua combinado com a capacidade das células kryptonianas de armazenar energia. No entanto, Leonard, Howard e Raj não creem na existência dessas células (1x02).

A plausibilidade do Super-Homem é objeto de debate entre os rapazes, que dão por válidas premissas pouco realistas sobre o personagem (como o fato de que possa voar) e têm longas discussões sobre se essa habilidade está bem representada nos quadrinhos e nos filmes. Por exemplo, Sheldon acredita que a clássica cena na qual o Super-Homem voa para agarrar Lois em seus braços e salvá-la de uma queda vertiginosa de um arranha-céu não é possível, porque a aceleração da queda de Lois faria com que seu corpo se esmigalhasse ao entrar em contato com os braços de aço do Super-Homem. Por outro lado, Leonard acredita que é possível se o Super-Homem alcança a mesma velocidade que Lois e depois desacelera, tese que Sheldon refuta porque, ao que tudo indica, o Super-Homem não teria espaço para realizar a desaceleração. "Se ele realmente a amasse, deixaria que atingisse o chão. Seria uma morte menos dolorosa" (1x02). Em outra ocasião, os rapazes debatem sobre como Clark Kent pode limpar o uniforme que utiliza para assumir a identidade de Super-Homem, se seu suor, de origem kriptoniana, é indestrutível (2x11).

Sheldon se identifica com frequência com o Super-Homem e costuma dizer coisas como "Vou me refugiar em minha Fortaleza da Solidão" (2x11), numa referência ao lugar que o Super-Homem constrói para meditar e se afastar de suas responsabilidades periodicamente. Sheldon também diz que sua mãe é sua kriptonita (2x07), citando o ponto fraco do Super-Homem. De todo modo, Sheldon também admira Lex Luthor, o inimigo do Super-Homem, e quando Raj o compara a ele, sente-se elogiado (3x09). Na verdade, o maior fã do Super-Homem no grupo é Leonard, que gosta de se fantasiar desse super-herói, apesar de não fazer muito sucesso com a roupa porque é muito baixo. No concurso de fantasias da loja de Stuart é substituído por Zach (4x11). Leonard também utiliza Ka-El, o nome alienígena do Super-Homem, como senha na internet (2x09), e tem uma reprodução em miniatura de Kandor (ver *Kandor*).

Tamagotchi

Mascote virtual criado por Aki Maita em 1996 e comercializado pela companhia japonesa de brinquedos Bandai. Trata-se de um aparelho eletrônico com a forma e o tamanho de um ovo que tem uma tela em preto e branco, pixelizada, na qual é possível ver uma criatura chamada Tamagotchi. Do momento em que é ligado o aparelho, seu usuário se torna automaticamente responsável pela criatura, que na primeira cena sai de um ovo. Através dos botões, o usuário deverá realizar diversas ações virtualmente para assegurar o bem-estar do Tamagotchi: dar de comer, levá-lo ao banheiro, brincar com ele e curá-lo de alguma doença são algumas das atividades que devem ser realizadas. E todas elas devem ser feitas várias vezes ao dia: é o jogador que controla o estado do Tamagotchi e atende a suas necessidades. Em função de sua habilidade, o Tamagotchi variará seu aspecto à medida que cresce. Se o jogador não cuidar bem dele, poderá adoecer ou morrer, dando o jogo por finalizado. Sheldon tem um Tamagotchi que afirma que comprou em 1998 e ainda está vivo, o que, segundo ele, o converte em um especialista em biologia (5x16).

Telescópio Hubble

Telescópio espacial colocado em órbita em 1990, até hoje em funcionamento, embora esteja previsto que deixe de funcionar ao longo de 2013. Em 2018 será substituído pelo novo Telescópio Espacial James Webb. Apesar de o Telescópio Hubble ter permitido que a humanidade obtivesse algumas das melhores imagens do espaço (pois, como está na órbita terrestre, evita a distorção produzida pela atmosfera), o que deu ensejo a observações que significaram um antes e um depois na astronomia, há anos que sua utilidade foi reduzida enormemente e ele ficou obsoleto. Por isso, quando Leonard tem a intenção de ficar com Penny poucos dias depois de conhecê-la, Sheldon compara suas possibilidades com as do Telescópio Hubble (1x03): "Acho que você possui tanta chance de ter um relacionamento sexual com Penny quanto o Telescópio Hubble de descobrir que em todo centro de todo buraco negro há um homenzinho com uma lanterna procurando um disjuntor".

Teoria das cordas

Marco ativo de investigação que quer conciliar a mecânica quântica (ver *Mecânica quântica*) e a teoria geral da relatividade de Albert Einstein (ver *Albert Einstein*). Uma teoria quântica da relatividade descreveria todo o Universo, incluídas todas as forças fundamentais e todas as formas de matéria. Grande parte do trabalho que Sheldon realiza se baseia na Teoria das Cordas (1x01, 1x12, 2x02, 2x17, 2x23). Sua expedição ao Polo Norte em busca de monopolos magnéticos (ver *Monopolos magnéticos*) tem precisamente o objetivo de constatar essa teoria (3x01). A premissa básica da teoria das cordas assume que as partículas materiais são, na verdade, estados vibracionais de um objeto monodimensional básico chamado corda. Muitos físicos teóricos como Stephen Hawking (ver *Stephen Hawking*) acreditam que a Teoria das Cordas é um passo adiante para a descrição correta da natureza. Já outros, como Richard Feynman (ver *Richard Feynman*), criticaram a Teoria das Cordas por ser excessivamente teórica e adaptar sua explicação aos resultados dos experimentos. No entanto, os diagramas de Feynman são parte fundamental da Teoria das Cordas.

Teremim

Instrumento musical eletrônico criado pelo russo Léon Theremin, que o patenteou em 1928. Seu controle é muito curioso, pois não requer contato físico por parte do músico. Tem duas antenas de metal que localizam a posição das mãos do músico, que pode controlar com um movimento de oscilação para cima e para baixo a frequência do som (com uma das mãos) e sua amplitude (com a outra). Desse modo, é possível produzir som, sem tocá-lo. Os sinais elétricos do teremim são amplificados e levados a um alto-falante. O teremim foi utilizado com frequência em trilhas sonoras, pois permite criar facilmente um som inquietante, e é o instrumento utilizado para tocar a música de abertura de *Jornada nas Estrelas*, motivo suficiente para que Sheldon se entregue ao aprendizado do teremim. O resultado de seus esforços com o instrumento é um som totalmente insuportável. Consciente disso, Sheldon o usa para tentar sabotar o trabalho de Leonard, Howard e Raj quando eles o deixam fora do projeto de *design* de uma aplicação para resolver equações diferenciais (4x12).

Thor

Super-herói da Marvel baseado no deus da mitologia nórdica de mesmo nome. O personagem foi criado por Stan Lee (ver *Stan Lee*) e Jack Kirby. A história de Thor começa quando seu pai, Odin, manda-o para a Terra a fim de deter seu irmão adotivo Loki (também baseado na mitologia nórdica), que quer destruir a humanidade. Com esse objetivo, Thor assumirá a identidade secreta do Dr. Donald Blake, um médico que manca de uma perna. Blake pode se transformar golpeando sua bengala no chão, ação que faz com que a bengala se converta no martelo mágico de Thor. De todos os super-heróis, Thor é o que chama a atenção de Penny, Amy e Bernadette quando decidem dar uma oportunidade ao vício de ler gibis. Principalmente porque o acham atraente. Depois da leitura de várias revistas de Thor, elas acabam discutindo sobre a possibilidade de que outro personagem pegasse o martelo mágico e se tornasse Thor. Um debate muito parecido com o que teriam os rapazes (6x13).

Time Bandits

Filme de ficção científica produzido e dirigido por Terry Gilliam.

Foi o primeiro longa-metragem do até então membro do grupo cômico Monty Python. Na verdade, no filme aparecem outros membros do grupo, como John Cleese e Michael Palin, que também participou no roteiro. A chave do filme é o armário que está no quarto de um menino chamado Kevin, pois em seu interior se esconde um buraco do tempo. Através desse buraco chega uma grande variedade de anões que fogem de seu amo, a Entidade Suprema. Kevin acaba caindo com eles em um dos buracos e passa a viver aventuras através do tempo. A história é uma homenagem à infância, pois tudo o que acontece com Kevin surge de sua enorme criatividade, influenciada pela leitura de livros de ficção (na verdade, a história do armário é uma referência clara a *As crônicas de Nárnia*, de C. S. Lewis). Leonard, Sheldon, Howard e Raj vão ao cinema assistir a uma versão remasterizada do filme (3x07).

Transformers

Brinquedos cujas peças podem mudar de posição e se transformar passando de um veículo a um robô e vice-versa. Os Transformers se dividem em duas facções: os Autobots e os Decepticons. O sucesso dos brinquedos incentivou a aparição de outros produtos derivados para explicar a história, como quadrinhos, séries de televisão e filmes. Foram especialmente populares nos anos 1980, quando eram anunciados com o slogan publicitário "mais do que seus olhos podem ver". É a essa capacidade que Sheldon se refere quando fala a Leonard dos Transformers. Sheldon descobriu que Penny não está mais apaixonada por Leonard, mas Leonard acha que sim. Como seu dever de amigo é explicar o que sabe, mas ao mesmo tempo não pode revelar a verdade porque foi comunicada em forma de segredo, Sheldon recorre à metáfora dos Transformers. "Os Transformers nos ensinam que as coisas não são sempre da forma como aparentam ser. Um caminhão poderia ser um robô alienígena, ou alguém em um relacionamento romântico poderia se sentir diferente do que aparenta estar" (6x02).

Tresling

Jogo para dois participantes inventado pelos rapazes, que consiste em uma mistura entre o clássico braço de ferro e o videogame Tetris. Cada jogador tem um game portátil que utiliza para jogar Tetris com uma única mão em modo *versus* (as linhas de blocos que um elimina se acrescentam à tela do outro). Com a mão que fica livre, eles disputam o braço de ferro. Howard assim o define: "combina a força física do braço de ferro com a agilidade mental do Tetris em um esporte extremo." A partida termina quando um dos dois adversários ganha em um dos dois jogos (Tetris ou braço de ferro). Sheldon e Raj jogam no Cheesecake Factory e declaram a partida empatada, pois nenhum dos dois ganha nenhuma das disputas (1x16).

Trilema de Münchhausen

Argumento filosófico que mostra a suposta impossibilidade de demonstrar a certeza de uma afirmação mesmo em campos tão rigorosos como a lógica e a matemática. O trilema consiste em que só temos três formas de efetuar a demonstração, todas elas inaceitáveis: (1) o argumento circular: demonstramos A a partir de B, mas então necessitamos demonstrar B a partir de C, e assim sucessivamente, até que em algum momento acabaremos voltando a A; (2) o argumento regressivo: quando nunca regressamos a A, e o processo se repete até o infinito; e (3) o argumento axiomático, que se baseia em verdades básicas aceitas como certas por consenso. O nome do trilema é uma ironia dirigida ao barão de Münchhausen, que supostamente teria escapado de um lamaçal puxando o próprio cabelo. O historiador Diógenes Laércio o atribui ao filósofo cético Agripa, por isso também é conhecido como Trilema de Agripa. Sheldon utiliza o Trilema de Münchhausen para anunciar que não continuará dividindo o apartamento com Leonard, decisão que não quer explicar. "Ou a razão é prevista em uma série de sub-razões que levam a uma regressão infinita, ou ela leva a declarações axiomáticas arbitrárias, ou é basicamente circular" (2x01).

Trouxa

Palavra que no universo de Harry Potter (ver *Harry Potter*) é utilizada pelos magos para chamar aquelas pessoas que não acreditam na magia e, como consequência, são incapazes de ver o mundo mágico, inclusive quando está bem na frente de seus narizes. Os trouxas representam gente comum e corriqueira, pessoas que não têm nada de especial, e alguns magos as utilizam com certo desprezo. Sheldon usa a palavra trouxa para denominar Penny, mostrando assim sua incapacidade para entender a ciência (que nessa analogia seria o mundo mágico), ao contrário de Amy e ele, que seriam os magos (4x01).

Violinista no telhado

É um musical com música de Jerry Bock, letra de Sheldon Harnick e libreto de Joseph Stein ambientado na Rússia czarista de 1905. A história está centrada em Tevye, judeu que se esforça para manter a família e suas tradições religiosas a salvo de influências externas que parecem invadir sua vida. De um lado, vê-se diante da vontade de suas filhas de se casar com homens muito distantes dos costumes de sua fé; de outro, do edito do czar, que ameaça expulsar os judeus do país. A produção original dessa obra da Broadway, que estreou em 1964, se tornou o primeiro musical da história a ultrapassar as 3 mil apresentações, e ainda hoje é considerado um dos grandes sucessos desse gênero teatral. Em 1971, o musical se converteu em filme em uma adaptação com arranjos musicais do compositor John Williams, que também teve uma enorme popularidade. Sheldon tem a edição especial do filme em DVD e conhece toda a trilha sonora, música e letra. Sob os efeitos de um coquetel de Penny, improvisou uma das músicas cantando e tocando ao piano no Cheesecake Factory (1x08).

Wall-E

Filme de animação do estúdio Pixar que mistura ficção científica e comédia. Estreou em 2008 e tem como protagonista um robô chamado Wall-E, criado para limpar o lixo que cobre a Terra depois de ela ter sido devastada e abandonada pelo ser humano em um futuro distante. Quando Penny desloca o ombro e Sheldon a leva ao hospital, ela passa a vê-lo com outros olhos e o compara a Wall-E. "As pessoas acham que você é um robô estranho muito irritante o tempo todo, e é verdade. Mas aí é como o final daquele filme *Wall-E*. Você está tão cheio de amor que pode salvar uma planta e tirar os gordos das cadeiras flutuantes." Nesse paralelismo, Penny seria Eve, um robô feminino tipo sonda que é enviado à Terra e por quem Wall-E se apaixona perdidamente, e a partir daí ele a segue pela galáxia para protegê-la (3x08).

Wii

Console de videogames da Nintendo que tem a particularidade de possuir um sensor que capta os movimentos dos jogadores, transformando-os em personagens do jogo. É considerada a última grande revolução do videogame por dois motivos: porque pela primeira vez praticamente se prescindiu da mão, e porque, devido ao caráter intuitivo de seus jogos, aproximou o videogame de um público não habituado a games, o que expandiu as possibilidades comerciais da indústria. O console Wii é dirigido a um público familiar e de todas as idades, ao contrário de outros consoles dirigidos ao público jovem e basicamente masculino. Sheldon e Leonard têm um Wii no apartamento, e os rapazes já foram vistos jogando vários games. Leonard e Howard trocam socos em Wii Boxing, e Leonard ganha (1x15); Sheldon, Raj e Howard treinam a pontaria no Wii Bowling (2x11); Raj dá uma surra em Sheldon no Mario Kart (3x10); o pai de Penny e Leonard jogam o game de pesca Sega Bass Fishing (4x09); Sheldon e Leonard praticam tiro ao alvo com o jogo de arco e flecha de Wii Sports, no qual Sheldon insiste em tirar as flechas de uma aljava imaginária que tem nas costas, porque "o povo da Nintendo vai até certo ponto na ajuda para recriar uma experiência atlética real. Precisamos fazer nossa parte também" (4x20). Alguns de seus videogames da Wii foram roubados pelos ladrões que entraram em seu apartamento – Legend of Zelda Twilight Princess, Super Mario Galaxy e Mario & Sonic at the Winter Olympics (3x13). Em outra ocasião, Leonard joga um videogame de corrida de cavalos que não utiliza controles; no entanto, não se trata de um jogo do Wii, mas do Champion Jockey, jogo de Xbox com o dispositivo Kinect, que é igual (5x08).

Wil Wheaton

Ator norte-americano conhecido por interpretar Wesley Crusher na série *Jornada nas Estrelas: a nova geração*. Wesley Crusher é o personagem favorito de Sheldon da série, que se identifica com ele porque ambos possuem memória eidética (3x05). Em *The Big Bang Theory*, o ator Wil Wheaton interpreta uma versão fictícia de si mesmo convertido na nêmese de Sheldon. O conflito vem da época em que um Sheldon adolescente viajou de ônibus até a cidade de Jackson, onde aconteceria uma convenção de *Jornada nas Estrelas*. Seu objetivo era que Wil Wheaton autografasse um boneco de Wesley Crusher. No entanto, Wil Wheaton não foi à convenção, e por isso Sheldon o declarou seu inimigo (3x05). Tem a oportunidade de vingar-se dele no torneio de Mystic Warlords of Ka'a (ver *Mystic Warlords of Ka'a*) e também no boliche, durante uma competição na qual Sheldon chamou a sua equipe The Wesley Crushers (3x19). Mas Wil Wheaton mostra-se um rival escorregadio e muito inteligente, que recorre a truques e enganações. A primeira vez que Sheldon consegue vencer Wil Wheaton é durante a projeção de um filme de *Indiana Jones* (ver *Indiana Jones*) (4x08). Enfim, e depois de desmoralizá-lo muito, Wil Wheaton se desculpa formalmente com Sheldon (5x05), e os dois acabam ficando grandes amigos, a ponto de Wil Wheaton vir a ser o convidado especial do programa *Fun with Flags* (6x07).

Wolverine

Super-herói da Marvel criado por Roy Thomas e Len Win que se caracteriza por suas enormes garras retráteis, um instinto animal que avisa quando está em perigo, uma força e uma agilidade sobre-humanas e a capacidade de curar as próprias feridas automaticamente. Wolverine foi o típico super-herói durão, figura que surgiu depois da guerra do Vietnã e cuja natureza selvagem e com tendência a usar a força faz o esteriótipo do anti-herói dos anos 1980. O personagem se tornou o favorito dos seguidores da franquia X-Men (ver *X-Men*). A transformacão de suas garras em garras de metal é também a origem de sua história, pois Wolverine procura, incansavelmente, os cientistas militares que fizeram experiências com ele para torná-lo um supersoldado e implementaram um esqueleto de adamantium por todo o seu corpo. Apesar de as experiências terem sido muito dolorosas para o personagem e quase terem-no matado, Sheldon vem economizando para poder pagar por uma operação na qual terá adamantium implantado em seu corpo, algo que ele acredita firmemente que será possível algum dia (2x14). Em um debate com seus amigos, Sheldon afirma que o personagem mais valente da Marvel é o médico encarregado de fazer um exame de próstata em Wolverine. Por outro lado, Howard acredita que valente é aquele que deixar Wolverine fazer um exame de próstata nele (4x09).

World of Warcraft

Videogame MMORPG (RPG *on-line* multimassivo) mais popular do mundo, criado por Blizzard e com mais de 10 milhões de usuários ativos. O videogame permite ao jogador desenvolver o próprio personagem em um mundo de fantasia épica, no qual se encontram raças e criaturas típicas do gênero, como elfos, anões, trolls, orcs e trasgos. Cada jogador deve escolher o caminho de seu avatar, que já vem definido pelo tipo de personagem que queremos ser e sua profissão. A partir daí, o jogador deve ir somando habilidades e objetos, algo que pode conseguir aumentando sua experiência através de aventuras, que podem ser realizadas de forma solitária ou com outros jogadores *on-line*. Sheldon, Leonard, Raj e Howard passaram até 97 horas seguidas jogando em uma missão para chegar às Portas de Elzebub, onde lutaram contra um exército de goblins para conseguir a espada de Azeroth. Quando Sheldon conseguiu agarrar a espada abandonou egoisticamente seus companheiros de aventuras, saindo do jogo e vendendo a espada no eBay (a compra e venda de objetos virtuais é um negócio gerado a partir do sucesso do jogo). O que não se esperava era que Howard também saísse do jogo e comprasse a espada para seu personagem (1x02). Do mesmo modo que se compram e vendem objetos, eles também podem ser roubados. Isso é o que ocorre com Sheldon, que é vítima de um hacker que entra em sua conta e rouba tudo o que ele tem. Sheldon chama a polícia e relata o que roubaram de seu personagem, chamado Sheldor: "Roubaram minhas armas encantadas, minha terrível armadura de gladiador, minha varinha de poder imaculado, meu avestruz de batalha e todo o meu ouro!" No entanto, o policial que aparece no apartamento diz que a polícia não tem jurisdição em Azeroth (4x19). Além das aventuras e da épica, World of Warcraft também é um espaço social no qual os jogadores podem falar entre si através de seus personagens, conhecer um ao outro e até fazer sexo virtual. Howard é infiel a Bernadette no World of Warcraft (4x04).

X-Men

Equipe de super-heróis do universo da Marvel Comics criado por Stan Lee (ver *Stan Lee*) e Jack Kirby. A ideia básica de X-Men reside na vontade do Professor Xavier de criar um lugar para proteger os mutantes e, numa sociedade que cada vez desconfia mais deles, criar um lugar no qual acolhê-los. Também tenta explicar aos jovens que não há nada de errado com eles, além de ensiná-los a controlar e usar suas habilidades. Seu objetivo é que os mutantes utilizem seus poderes em benefício da humanidade, e mostrar assim que eles podem ser heróis. Xavier recruta diversos super-heróis para tomar parte dos X-Men. Entre eles: Wolverine (ver *Wolverine*), Ciclope e Tempestade. Grande parte de seus esforços está voltada para enfrentar Magneto, um mutante muito poderoso que acredita que os seres humanos são débeis e que os mutantes são seres que foram um passo além no caminho da evolução. Em consequência, não devem se submeter ao homem, mas sim o contrário. Os personagens de X-Men favoritos de Sheldon são, nessa ordem: Professor X, Noturno, Wolverine, Ciclope, Homem de Gelo, Tempestade e Angel (2x01). A escolha do Professor X deve ter sido, em parte, porque o ator que o interpreta na versão cinematográfica dos quadrinhos é Patrick Stewart, que também interpretou Picard em *Jornada nas Estrelas* (ver *Jornada nas Estrelas*). Como o Professor Xavier, Sheldon também terá sua equipe de super-heróis, que se chama C-Men (C de Cooper, sobrenome de Sheldon) e o ajudará a superar seu medo de palco (3x18).

Xadrez em 3D

Variação do xadrez que aparece na série de televisão *Jornada nas Estrelas* (ver *Jornada nas Estrelas*). É reconhecível porque tem três tabuleiros colocados um em cima do outro, em vez do tabuleiro único do jogo tradicional. As peças podem se mover entre os diferentes tabuleiros, convertendo o xadrez em um jogo extremamente complexo. Sheldon e Leonard jogam o Xadrez em 3D (1x11) provavelmente utilizando as indicações que Andre Batmess criou, um fã de *Jornada nas Estrelas* que inventou as regras a partir da descrição do jogo na série. Essas regras podem ser encontradas *on-line* (http://www.yestercade.net/tactical.htm) embora tenham sido ampliadas e melhoradas por outros fãs da série ao longo dos anos, como James Dixon, estudante de astronomia da Universidade do Texas, que fez uma das versões mais conhecidas.

Xadrez para três pessoas

Variação do xadrez no qual o tabuleiro clássico adota uma forma hexagonal para permitir que três pessoas joguem em vez de duas, como é tradicional. Nessa versão ganha o primeiro que conseguir fazer xeque-mate, deixando eliminado o jogador que recebeu o xeque-mate e também o terceiro jogador. No entanto, essas variações não são suficientes para Sheldon, que se dedica a criar peças novas para o jogo como a Serpente, a Velha e a Grande

Imperatriz. "Quando a Serpente desliza para uma peça do jogador oponente, aquela peça é considerada envenenada e vai morrer depois de mais dois movimentos. A menos... que chegue a tempo à Velha, que pode chupar o veneno, o que a transformará na Grande Imperatriz: uma peça com o poder combinado do cavalheiro, da rainha e da serpente" (4x22).

Zork

Zork foi criado em 1977 por um grupo de programadores do MIT. É uma ficção interativa considerada um dos primeiros videogames do gênero de aventura/RPG, totalmente em texto escrito. Em Zork, o jogador se vê diante de uma tela negra com texto em letras brancas que vai narrando a história, descrevendo os lugares em que se encontra o personagem e, de vez em quando, dando diversas opções para se executarem ações. O jogador assume o papel de um aventureiro sem nome que entra nas ruínas de um antigo império de origem desconhecida. Em seu caminho se encontrará com todo tipo de criaturas e visitará lugares mágicos. Zork é parte da Vintage Game Night, quando os rapazes se dedicam a jogar videogames antigos (2x20). Sheldon também propõe que Zach, Kripke e Stuart joguem Zork durante a festa que organiza no apartamento, mas eles preferem o caraoquê (4x17).

FRASES DO SHELDON

Leonard: Precisamos ampliar nosso círculo de amizades.

Sheldon: Tenho um círculo bastante amplo. São 212 amigos no MySpace.

Leonard: Sim, e você nunca se encontrou com nenhum deles.

Sheldon: Essa é a beleza da coisa.

Penny: Sou de Sagitário, o que provavelmente diz bem mais a meu respeito do que você precisa saber.

Sheldon: Claro. Diz que você participa na ilusão cultural em massa de que a posição aparente do sol em relação a constelações arbitrariamente definidas no momento do seu nascimento de alguma forma afeta sua personalidade.

Sheldon: Conheço bem a forma como os seres humanos costumam se reproduzir, o que é bagunçado, com pouca higiene e envolve apelos altos e desnecessários a uma divindade.

Penny: Oh, meu Deus!

Sheldon: Exatamente.

Penny: Posso fazer uma pergunta?

Sheldon: Pela sua educação em faculdades comunitárias, eu a encorajo a fazer o máximo de perguntas possível.

“Meu novo computador veio com Windows 7. Windows 7 é muito mais amigável do que o Windows Vista. Não gosto disso.”

Sheldon: Quero que você peça desculpas a Leonard.

Penny: Não vou pedir desculpas. Não fiz nada de errado. Ele está exagerando.

Sheldon: Irrelevante. Os problemas no relacionamento de vocês estão deixando minha vida intolerável.

Eu sinto falta dos velhos tempos quando suas parceiras românticas podiam ser devolvidas à videolocadora.

Olá, queridos amigos. Perdoem-me. Eu teria chegado antes, mas o ônibus ficava parando para que outras pessoas entrassem.

Se o lado de fora é tão bom, por que a humanidade passou milhares de anos tentando aperfeiçoar o lado de dentro?

Spock: Você deveria se envergonhar.

Sheldon: Foi você que me falou para brincar com aquilo.

Spock: Se eu mandasse você pular da ponte de comando da Enterprise, você pularia?

Sheldon: Oh, se eu entrasse na ponte de comando da Enterprise, nunca mais sairia.

Leonard: Bem, já pensou em contar a ela como se sente?

Sheldon: Leonard, sou um físico, não um hippie.

Só existe uma droga expansiva da mente que esse homem gosta, e se chama escola.

Sheldon: Você não desistiu dela, desistiu?

Leonard: Nossos filhos serão inteligentes e lindos.

Sheldon: Sem mencionar imaginários.

Penny: Eu sempre digo que, quando uma porta se fecha, outra se abre.

Sheldon: Não é verdade. A não ser que as duas portas estejam conectadas por relé ou haja sensores de movimentos envolvidos. Ou se a primeira porta fechando criar uma mudança na pressão do ar que atue sobre a segunda porta.

"Penny, sei que você acha que está sendo generosa, mas a base de dar presente é a reciprocidade. Você não me deu um presente. Você me deu uma obrigação."

SHELDON: Por que você está chorando?

PENNY: Porque sou estúpida!

SHELDON: Isso não é razão para chorar. Alguém chora porque está triste. Por exemplo, eu choro porque os outros são estúpidos, e isso me deixa triste.

SHELDON: Em tempos difíceis como esse, eu geralmente procuro uma força maior.

AMY: Religião.

SHELDON: *Jornada nas Estrelas.*

"Você ri agora – espere até precisar de suporte técnico."

LEONARD: Sheldon, pense nisso. Você está pedindo para Howard escolher entre sexo e Halo.

SHELDON: Não, vou pedir que escolha entre sexo e Halo 3. Até onde sei, sexo não ganhou um *upgrade* para incluir gráficos de alta definição e sistemas ampliados de armas.

LEONARD: Pare! Você não consegue explodir minha cabeça com a mente!

SHELDON: Então me contento com um aneurisma!

"Penny, só para evitar mais situações incômodas, saiba que estou perfeitamente confortável com nós dois subindo as escadas em silêncio."

"1, 2, 3, 4 não é uma senha segura."

"Isso parece uma enorme quantidade de problemas para conseguir sexo. Você não tem acesso a mulheres que podem fazer isso por dinheiro?"

LEONARD: Sheldon, temos de fazer isso.

SHELDON: Não temos, não. Temos de nos alimentar, expelir os resíduos e inalar oxigênio suficiente para evitar que nossas células morram. Todo o resto é opcional.

"Se você usar minha escova de dentes, eu pulo por essa janela."

"Medo de altura é ilógico. Medo de cair, por outro lado, é prudente e evolucionário."

Penny: Eu desisto. Ele é impossível!

Sheldon: Não posso ser impossível, eu existo! Acho que você quis dizer: "Eu desisto. Ele é improvável."

Howard: Espero que não se importem, falei para minha namorada, Bernadette, que ela poderia jantar conosco.

Leonard: Claro, quanto mais melhor.

Sheldon: Espere, não. Essa é uma falsa equivalência. Mais não é igual a melhor. Se houvesse 2 mil pessoas nesse apartamento agora, estaríamos comemorando? Não, estaríamos sufocando.

Funcionário da loja: Desculpe-me, o senhor não trabalha aqui.

Sheldon: Exato, e pelo visto ninguém mais trabalha.

"Desculpe! *Wolverine Origin*, minissérie edição dois, página 22, garras ósseas retráteis. Sabe, se você passasse menos tempo pensando em sexo e mais tempo concentrando-se em gibis, teríamos menos momentos vergonhosos como esse."

"Bem, bem, tudo vai ficar bem... Sheldon chegou!"

"Se eu desse essa cesta de presente baseado só naquela ação e em nenhum outro dado, qual seria a hipotética relação que existiria entre nós?"

"Nível 3 e ela acha que é rica. Que novata!"

Sheldon: Você é um homem de sorte, Leonard.

Leonard: Por quê?

Sheldon: Você está falando com um dos três homens no hemisfério ocidental capaz de seguir essa linha de pensamento.

Leonard: Você nunca vai adivinhar o que acabou de acontecer.

Sheldon: Você saiu no corredor, tropeçou em um portal interdimensional que o levou a 5 mil anos no futuro, então aproveitou a vantagem da tecnologia avançada para construir uma máquina do tempo e agora está de volta para nos levar com você para o ano 7010, onde seremos teletransportados para trabalhar no pensatorium por golfinhos controlados telepaticamente.

Leonard: Não... Penny me beijou.

Sheldon: Quem adivinharia isso?

Penny: (para Howard) Em geral, eu simplesmente consigo ignorar você. Quero dizer, eu entendo. Você é meio esquisito. Como Sheldon.

Sheldon: Olha, Penny, nesta sala, a esquisita é você.

Penny: Argh, não acredito que Christy deixou Howard entrar no meu apartamento!

Sheldon: E eu não consigo acreditar que as pessoas pagam por horóscopos. Mas, entrando em um assunto mais sério, são 20h13 e ainda não estamos jogando Halo.

"Quando você entende as leis da física, Penny, tudo é possível. E posso acrescentar: 'Hua, ha, ha'."

"Leonard, quando aquela mulher se mudou, há três anos, eu falei para você não conversar com ela, e agora, veja: vamos chegar atrasados ao cinema."

"'Ele bebeu do copo de Leonard': as palavras que serão gravadas no meu túmulo."

Leonard: Garotas como Penny nunca terminam com caras que possuem máquinas do tempo.

Sheldon: Eu discordo. Sua incapacidade de ser bem-sucedido em cortejar Penny é muito anterior à sua aquisição da máquina do tempo. Esse fracasso claramente é só seu.

Mãe de Sheldon: Shelly não gosta de companhia. Mesmo quando era pequeno, ele mandava seus amigos imaginários para casa no final do dia.

Sheldon: Não eram amigos. Eram meus companheiros de trabalho imaginários.

"Que computador você tem? E, por favor, não diga 'um branco'."

Leonard: Tem a ver com Penny. Um erro envolvendo Penny.

Sheldon: Terá que ser mais específico.

Leonard: Acho que não posso sair com ela essa noite.

Sheldon: Então não saia.

Leonard: Outras pessoas perguntariam "Por que não?".

Sheldon: Outras pessoas poderiam estar interessadas.

"A descrição *on-line* estava completamente errada. Dizia oito slots mais ID removível. Para qualquer pessoa racional, isso significaria espaço para nove cartões. Mas eles não dizem que a ID removível ocupa um slot. É um pesadelo!"

Howard: Certo, é o seguinte. Bernadette disse que vocês estão cansados de me ouvir falar da minha viagem para o espaço. Isso é verdade?

Sheldon: É.

Raj: Não.

Sheldon: Parece que temos posturas diferentes aqui. Sou a favor da honestidade. Não tenho ideia do que você está fazendo.

Raj: Isso se chama ser agradável.

Sheldon: Certo, se você acha que ser agradável vai fazer com que ele se cale, vamos tentar.

"Não precisa interagir comigo. Estou aqui só para observar."

"Preciso de apoio para o pulso, todo esse apertar de botões está piorando meu velho machucado da Nintendo."

Sheldon: Sabe, acaba de me ocorrer... Se há um número infinito de universos paralelos, em um deles deve existir um Sheldon que não acredita em universos paralelos.

Leonard: Provavelmente. E daí?

Sheldon: Nada. É só uma dessas coisas que fazem com que um dos meus Eus ria.

Risos

"Você precisa verificar suas mensagens, Leonard! Deixar mensagens é a metade de um contrato social que é completado pela verificação da mensagem. Se esse contrato é quebrado, então todos os contratos sociais são quebrados, e cairemos na anarquia."

Penny: Vivi com ele por quatro anos! Quatro anos é tanto tempo quanto o ensino médio!

Sheldon: Você demorou QUATRO anos para completar o ensino médio???!!!

"Evidentemente sou muito desenvolvido para dirigir."

Sheldon: Não consigo entrar em contato com Amy. Tentei o e-mail, videoconferência, Twitter, fiz um post em seu Facebook, mandei uma mensagem de texto, e nada.

Leonard: Você tentou ligar em seu telefone?

Sheldon: O telefone! Sabe, Leonard, de seu jeito simples, você pode ser o mais sábio de todos nós.

Sheldon: O que você está fazendo aqui?

Howard: Fiquei acordado a noite toda. Briguei com Bernadette.

Sheldon: Por quê?

Howard: Ela me comprou um relógio muito bom.

Sheldon: Leonard, você está entendendo isso?

Leonard: Estou.

Sheldon: Converse com ele.

"Sou o orgulhoso dono de WilWheatonFede.com, .net e .org!"

"Coma esse pedaço de queijo sem peidar e poderá dormir com a minha irmã."

Penny: Podemos simplesmente esquecer essa coisa extra e você me conta o que Leonard faz?

SHELDON: Certo. Leonard está tentando descobrir por que as partículas subatômicas se movem da maneira que se movem.

PENNY: É mesmo? Só isso? Bem, não parece tão complicado.

SHELDON: Não é... por isso é o que Leonard estuda.

"Adoro minha mãe, meus sentimentos pelo meu lugar são muito maiores."

SHELDON: O meu hambúrguer está ao ponto?

LEONARD: Sim.

SHELDON: Fatias de picles, não doces?

LEONARD: Sim.

SHELDON: Pacotes de condimentos individuais?

LEONARD: Sim.

SHELDON: Anéis de cebola?

LEONARD: Sim.

SHELDON: Pão extra?

LEONARD: Eu pedi.

SHELDON: O que falaram?

LEONARD: Não.

SHELDON: Você protestou?

LEONARD: Sim.

SHELDON: Ferozmente?

LEONARD: Não.

SHELDON: Bom, então por que demorou tanto?

"O que exatamente significa a expressão 'amigos com benefícios'? Ele fornece algum seguro de saúde para ela?"

POLICIAL: Seu amigo ligou para a polícia denunciando um roubo.

LEONARD: Oh, meu Deus, o que roubaram?

SHELDON: O que não roubaram?! Tiraram minhas armas encantadas, minha armadura de gladiador, minha varinha de Poder Imaculado e todo o meu ouro!

"Para registro, eu tenho genitais. São funcionais e esteticamente agradáveis."

"Estou a ponto de embarcar em um dos maiores desafios da minha carreira científica: vou ensinar física para Penny."

"Oh, Mario! Se eu conseguisse controlar todo o mundo da forma como controlo você! Dá-lhe, pequeno encanador! Ho! Ho! Ho!"

"Eu estava tão feliz... No mundo dos emoticons eu era vírgula, D maiúsculo."

"Vejam só, se não é Wil Wheaton. O Duende Verde do meu Homem-Aranha, o Papa Paulo V do meu Galileu, o Internet Explorer do meu Firefox!"

Zack: Você está inferindo que sou estúpido.

Sheldon: Isso não é correto. Nós subentendemos que você é estúpido, você então inferiu isso.

Sheldon: Biologicamente falando, Howard está perfeitamente justificado em procurar a parceira perfeita para a propagação de sua linha genética.

Howard: Obrigado, Sheldon.

Sheldon: Se essa propagação é do interesse da humanidade, claro, é uma questão totalmente diferente.

Sheldon: Você quer ouvir uma coisa interessante sobre escadas?

Leonard: Não!

Sheldon: Se a largura de um degrau for diferente mesmo que por dois milímetros, a maioria das pessoas vai tropeçar.

Leonard: Não me importa... Dois milímetros? Isso não parece verdade.

Sheldon: É verdade. Fiz uma série de experiências quando tinha 12 anos. Meu pai quebrou a clavícula.

Leonard: É por isso que você foi mandado para o colégio interno?

Sheldon: Não. Isso foi resultado de meu trabalho com laser.

Penny: Eu finalmente convenci o restaurante a me dar um oportunidade de trabalhar no bar, então preciso praticar a mistura de bebidas.

LEONARD: Isso é ótimo! A chave para adquirir proficiência em qualquer tarefa é a repetição.

SHELDON: Com certas exceções óbvias. Suicídio, por exemplo.

"Você pode ter estudado em Cambridge, mas eu sou graduado honorário da Starfleet Academy!"

"Olá, eu sei que você está aí fora. Posso escutá-lo metabolizando oxigênio e expelindo dióxido de carbono."

LEONARD: O que é isso?

SHELDON: Chá. Quando as pessoas estão chateadas, a convenção cultural é trazer alguma bebida quente. (Sheldon, rígido, dá dois tapinhas no ombro de Leonard.) Pronto, pronto. Quer conversar sobre isso?

LEONARD: Não.

SHELDON: Ótimo. "Pronto, pronto" era tudo o que eu tinha.

"Einstein definiu insanidade como fazer a mesma coisa várias vezes e esperar resultados diferentes. Por essa definição, Penny é uma doida varrida."

LEONARD: Ei, onde você estava?

SHELDON: Conversando com Penny.

HOWARD: Você está louco? Não pode ficar conversando com a ex do seu companheiro. Isso está totalmente errado.

LEONARD: Não, tudo bem. Não ligo. Já superei.

RAJ: É, ele superou; por isso anda chorando o dia todo porque queria inventar aquele aparelho de apagar memórias de Homens de Preto.

SHELDON: Ele conseguiu avançar? Porque eu gostaria de apagar Ben Affleck como Daredevil.

HOWARD: Ben Affleck também gostaria.

SHELDON: Ouçam o que o sr. Wil Wheaton está twitando: "Melhores lugares na casa para ver *Caçadores da Arca Perdida*. Toma essa, Sheldon Cooper."

LEONARD: Por que você lê o Twitter dele? Sabe que vai se aborrecer.

SHELDON: Acredito em conhecer meu inimigo, Leonard. Se o Twitter existisse naquele tempo, acha que o general Cluster não teria seguido os twittes do Touro Sentado? Lee não teria seguido Grant? Spy não teria seguido Spy?

"Coma uma das suas barras de cereais. É muito frequente que as mulheres, quando acham que estão bravas, estejam somente com fome."

"Engenharia. Onde os nobres trabalhadores semiqualificados executam a visão daqueles que pensam e sonham. Olá, Oompas Loompas da ciência."

(PARA LEONARD, QUE DECIDIRA DESISTIR DE PENNY)

"Bem, pelo menos agora você pode recuperar a caixa-preta dos destroços que foram sua fantasia de namorá-la e analisar os dados; assim não dará de frente com a Montanha *Geek* de novo."

PENNY: Então, como você está?

SHELDON: Bem, minha existência é um *continuum*, então fui o que sou em cada ponto no período de tempo implicado.

SHELDON: Desculpe, estou atrasado!

LEONARD: O que aconteceu?

SHELDON: Nada! Só não queria vir.

AMY: Bom, então, prepare-se para ficar aterrorizado. Se seus amigos não forem convencidos, as doações desse ano poderão ir para, digamos, o departamento de geologia.

SHELDON: Oh, não! Não as pessoas sujas!

AMY: Ou, pior ainda, poderia ir para artes.

SHELDON: Não!

SHELDON: Dr. Greene, uma pergunta...

DR. GREENE: Sim?

SHELDON: Você dedicou sua vida ao trabalho de educar a população em geral sobre complexas ideias científicas.

DR. GREENE: Sim, em parte.

Sheldon: Você pensou em tentar fazer algo útil? Talvez ler para os aposentados?

Dr. Greene: Perdão?!

Sheldon: Sim, mas não os seus livros. Algo que poderia interessá-los.

"(Indo pedir desculpas a Penny) Tenho mestrado e dois doutorados. Não deveria ter de fazer isso."

Sheldon: Quem é Nowitzki?

Ramona: Eu sou Nowitzki!

Sheldon: Oh, então você quer que eu compartilhe os créditos com você?

Ramona: Ahã!

Sheldon: SAIA DAQUI!

Leonard: Sheldon, você precisa encontrar uma forma melhor de lidar com Penny.

Sheldon: O que devo fazer? Comer rabanadas na segunda-feira? Bom, isso seria impossível.

"É, você se saiu bem, Falso Wolowitz. Vamos nos lembrar de você com nostalgia. Da mesma forma que nos lembramos do *modem dial-up*, da fita VHS, ou... ou a carteirinha da academia do Leonard."

(Assistindo a *Gremlins*)

Sheldon: Esse filme me confunde toda vez que o vejo.

Leonard: Como assim?

Sheldon: Bom, as instruções são bem claras: não alimente os gremlins depois da meia-noite, não molhe os gremlins... É difícil segui-las?

Penny: Podemos conversar na sala de estar?

Sheldon: Não estou usando a calça do meu pijama.

Penny: Por que não?

Sheldon: Derramei suco de uva.

Penny: Bom, coloque outro pijama.

Sheldon: Não posso usar outro pijama. Esse é meu pijama de segunda-feira.

Sheldon: Gostaria de fazer algumas propostas ao Acordo de Convivência, especificamente para incluir alguns dos irritantes hábitos pessoais de Penny.

Penny: Oh, meu Deus! Quais hábitos pessoais?

Sheldon: Tenho uma lista. A propósito, o uso excessivo da frase "Oh, meu Deus" é o número 12.

Leonard: Não tenho nenhum problema com Stuart. Além disso, ele nos dá 20% de desconto em sua loja de gibis.

Sheldon: Bem, não vendo minha amizade tão barato.

Stuart: Posso chegar a 30%.

Sheldon: Bem-vindo a bordo, velho camarada!

"Incrível. É como conversar com um golfinho."

"Estava esperando aplausos, mas suponho que o silêncio espantado é igualmente apropriado."

"Desculpe, Penny, mas Doodle Jump é um jogo. Angry Birds é um jogo. World of Warcraft é um MMORPG... Certo, tecnicamente é um jogo."

Leonard: Ninguém morreria se conhecêssemos novas pessoas.

Sheldon: Para seu registro, poderíamos morrer por conhecer novas pessoas. Elas poderiam ser assassinas ou portadoras de patógenos incomuns.

"Certo, Leonard, sei que você teme me desapontar, mas quero que se sinta melhor sabendo que minhas expectativas em relação a você são muito baixas."

"Eu sei tudo que existe sobre beijo. Exige o uso de 34 músculos faciais e 112 músculos posturais."

Leonard: Você não é Isaac Newton.

Sheldon: Não, não, claro que não. A gravidade teria sido evidente para mim sem a maçã.

Leonard: Sheldon vive com medo dos garfos de três dentes.

Sheldon: Com três dentes não é um garfo. Com três dentes é um tridente. Garfos são para comer, tridentes são para governar os sete mares.

Leonard: Espero que esteja com fome!

Sheldon: Interessante; um sentimento amigável nesse país – um insulto cruel no Sudão...

"Solo de bongô!"

"A mudança nunca é boa; eles dizem que é, mas não é."

Sheldon: Há alguma pobre mulher que vai colocar suas esperanças no meu esperma. E se ela tiver uma criança que não sabe se deveria usar uma integral ou uma diferencial para resolver a área embaixo da curva?

Leonard: Tenho certeza de que ainda a amaria.

Sheldon: Eu não amaria.

Leonard: Deveríamos convidá-la para almoçar?

Sheldon: Vamos começar a ver a segunda temporada de *Battlestar Galactica*.

Leonard: Já assistimos aos DVDs da segunda temporada.

Sheldon: Não com comentários.

"Companheiros guerreiros, aqui fala Sheldon, o Conquistador. Estamos prestes a entrar na fortaleza de Atzel. Essa é uma longa jornada, então vamos fazer outra verificação de bexiga. Certo, Barry, esperamos por você outra vez, mas acho que deveria realmente ver um médico."

Ramona: Não foi um grande homem que disse: "A ciência exige nada menos do que uma ardente e incondicional dedicação de toda a nossa vida"?

Sheldon: Foi mesmo!

Ramona: E quem foi esse grande homem?

Sheldon: Eu! Desculpe, Leonard.

Leonard: Sério? Você não vem?

Sheldon: Você a ouviu. Como posso argumentar comigo mesmo?

Sheldon: Nunca comemos aqui. Não sei o que é bom.

Leonard: Tudo é bom.

Sheldon: Estatisticamente improvável.

“Podemos começar a noite de Halo? Deveríamos ter começado às 20h. Já são 20h06.”

Penny: Bom, melhor do que Dakota do Norte... Acho que essa piada só é engraçada em Nebraska.

Sheldon: Com os dados disponíveis, não dá para chegar a essa conclusão. Tudo que dá para falar com absoluta certeza é que essa piada não é engraçada aqui.

Penny: Uau, é bom estar de volta...

“Senhoras e senhores, honradas filhas, apesar de o sr. Kim, por razão de sua juventude e ingenuidade, ter caído preso de uma inexplicável necessidade de contato humano, posso assegurar que minha pesquisa continuará ininterrupta e que relacionamentos sociais continuarão a me confundir e repelir.”

Leonard: Penny acha que sou muito inteligente para ela? Isso é ridículo.

Sheldon: Eu sei. A maior parte do seu trabalho é extremamente derivativo.

“Leonard, você precisa fazer algo com Penny. Ela está interferindo no meu sono, está interferindo no meu trabalho. E, se eu tivesse outro aspecto importante da minha vida, tenho certeza de que ela estaria interferindo nele também.”

Sheldon: Das poucas mulheres com quem Leonard esteve envolvido, Stephanie é a única que achei tolerável.

Penny: Bom, e eu?

Sheldon: A declaração é autoexplicativa.

"Você entende o que isso significa? Tudo que preciso é um óvulo saudável e posso criar o meu próprio Leonard Nimoy!"

Leonard: Você hackeou minha conta no Facebook?

Sheldon: Oh, dificilmente se pode chamar de hackear quando você usa a mesma senha para tudo, Kal-El.

Sheldon: Isso não deve tomar mais do que três horas.

Penny: Espere. Quantas perguntas há nessa coisa?

Sheldon: Só 211. Não se preocupe. Em deferência a você, mantive todas no nível de leitura de alguém do ensino médio.

Leonard: Se você quer aprender a fazer amigos, então é só ir a uma cafeteria ou um museu. Conheça pessoas. Converse com elas. Interesse-se por suas vidas.

Sheldon: Isso é completamente insano. Você vai me levar ao shopping de carro. Vou comprar um livro que resume as atuais teorias no campo de fazer amizades.

Sheldon: Sou um físico. Tenho conhecimento funcional de todo o Universo e tudo o que ele contém.

Penny: Quem é Radiohead?

Sheldon: Tenho um conhecimento funcional das coisas importantes do Universo.

Penny: Os vizinhos do andar de cima estão se mudando.

Sheldon: Não! O horror...

Sheldon: Gostaria de um conselho?

Penny: Claro, por que não?

Sheldon: Então, esse é o momento perfeito para começar um blog com uma seção interativa de comentários.

"Olá, Penny. Percebo que você está atualmente à mercê de suas necessidades biológicas, mas, como você tem toda uma vida de decisões ruins à frente, posso interromper essa?"

Howard: Sheldon, você está errado. Wolverine não nasceu com garras de osso.

SHELDON: Howard, você sabe que sou uma pessoa muito inteligente. Não acha que se eu estivesse errado, eu saberia?

"Acabei de falar isso. Essa conversa começou a ficar circular."

PENNY: Bom dia, Sheldon. Venha dançar comigo.

SHELDON: Não.

PENNY: Por que não?

SHELDON: Penny, apesar de subscrever-me à teoria dos "muitos mundos", que postula a existência de um número infinito de Sheldons em um número infinito de universos, garanto a você que em nenhum deles eu danço.

PENNY: Sheldon, isso é incrível.

SHELDON: Do seu ponto de vista deve parecer mesmo.

LEONARD: Vou até a casa de Penny assistir a um jogo com seus amigos e não quero parecer um idiota. Quero me misturar.

SHELDON: Se você quer se misturar acho que parecer um idiota seria a camuflagem perfeita.

SHELDON: Também vou encontrar um emprego não especializado em que meus gânglios basais estejam ocupados com uma tarefa rotineira, liberando meu córtex pré-frontal para trabalhar em segundo plano no meu problema.

PENNY: Parece um ótimo plano.

SHELDON: Claro que é. Até conversar com você já é suficientemente não especializado a ponto de eu conseguir sentir os sucos proverbiais começarem a fluir.

"Preciso dizer. Os robôs pessoais não podem demorar a chegar."

SHELDON: Simplesmente não estava muito seguro do protocolo apropriado agora que você e Leonard não estão mais realizando coitos.

PENNY: Deus, podemos simplesmente dizer "não estão mais se vendo"?

Sheldon: Bem, poderíamos se fosse verdade. Mas como você vive no mesmo prédio, vocês se veem o tempo todo. A variável que mudou foi o coito.

Sheldon: Eu cometi um erro com Howard e ele não aceita minhas desculpas.

Penny: Ah, certo, isso. É, Leonard me contou. Lamento, querido.

Sheldon: Penny, você encara o fracasso diariamente. Como lida com isso?

Penny: Ei, você não precisa de Leonard e sua app. Pode fazer uma comigo.

Sheldon: Com você?

Penny: É sério, tenho uma grande ideia.

Sheldon: É melhor do que sua ideia de se mudar para Los Angeles e virar uma atriz famosa?

Penny: Ei, Sheldon, você mudou sua senha de Wi-Fi de novo?

Sheldon: Sim, é "Penny, pague seu próprio Wi-Fi". Sem espaço.

Leonard: Sabe, algumas pessoas poderiam dizer que é ótimo que estejamos tentando fazer as coisas funcionarem a longa distância. Eles falariam coisas como: "O amor é mais forte do que os quilômetros entre vocês."

Sheldon: Quando eu subir ao poder, essas pessoas serão esterilizadas.

"Oh, ótimo, Leonard, você está aqui. Isso vai interessá-lo. Penny, pode pintar suas unhas."

Leonard: Eu fiz uma coisa ruim.

Sheldon: Isso me afeta?

Leonard: Não.

Sheldon: Então sofra em silêncio.

Leonard: É possível que estejamos tendo duas conversas diferentes?

Sheldon: Como posso saber? Não estou ouvindo você.

Sheldon: Isso tem a ver com uma vaga de estacionamento. Não tem nada a ver com carros.

Howard: Você está se ouvindo?

Sheldon: Eu sempre me ouço. É um dos grandes prazeres da minha vida.

"Desculpe, mas não vou assistir à série *The Clone Wars* antes de ver o filme *The Clone Wars*. Prefiro deixar que George Lucas me desaponte na ordem que ele quiser."

"Nunca conheci os vizinhos. É o que os torna perfeitos."

"Estou muito desapontado por não ser capaz de celebrar a conquista de Howard essa noite. Em todos estes anos, desde que o conheço, ele nunca teve a oportunidade de receber minha admiração. Eu estava louco para ver seu rosto quando isso finalmente acontecesse."

Raj: Não sei se quero continuar jogando.

Sheldon: Por que não tem namorada? Bom Deus! Se isso fosse razão para não jogar Dungeons & Dragons, esse jogo estaria em sérios apuros.

Sheldon: Se vai substituir Wolowitz, preciso saber um pouco mais sobre você.

Stuart: Certo.

Sheldon: Wolowitz foi ao MIT. Qual é o seu histórico escolar?

Stuart: Frequentei uma escola de artes.

Sheldon: Igualmente ridículo. Continuemos.

"A mão do Capitão Gancho foi comida por um crocodilo, não por um jacaré. Se vai me insultar, pelo menos que seja com os fatos corretos."

"Você precisa lembrar que meus comentários mordazes no Yelp. com recentemente ajudaram a fechar uma loja de *muffins*."

Sheldon: (batendo na porta da Penny bem cedo de manhã) Penny, Penny, Penny!

(Penny abre a porta)

Sheldon: Bom dia.

Penny: Você tem ideia de que horas são?

Sheldon: Claro que sim, meu relógio está ligado ao relógio atômico em Boulder, Colorado. É preciso até nos décimos de segundos, mas enquanto digo isso começo a pensar que mais uma vez sua pergunta pode ter sido retórica.

Sheldon: Penny, se vou comprar um presente para Leonard, vou fazer a coisa direito. Recuso-me a fazer com que ele passe pelo mesmo trauma infantil por que passei.

Penny: Sei que vou me arrepender de perguntar, mas que trauma?

Sheldon: No meu 12º aniversário, eu queria uma centrífuga de titânio assim, sabe, eu poderia separar isótopos radioativos.

Penny: Claro.

Sheldon: Em vez de uma centrífuga de titânio, meus pais me compraram – uau, isso é triste... Eles me compraram uma bicicleta motorizada.

Penny: (Sarcástica) Não!

Sheldon: Que menino de 12 anos quer uma bicicleta motorizada?

Penny: Todos.

Leonard: Você precisa mesmo do cartão de Membro Honorário da Liga da Justiça da América?

Sheldon: Está em toda carteira que tive desde meus 5 anos.

Leonard: Por quê?

Sheldon: Diz aqui para mantê-la com você o tempo todo. Está bem aqui, debaixo da assinatura do Batman.

Sheldon: Hoje, passei de ser Wolfgang Amadeus Mozart a... você sabe, aquele outro cara.

Howard: Antonio Salieri?

Sheldon: Oh, meu Deus, agora até você é mais inteligente do que eu.

“Isso é absurdo. Não me pareço com C-3PO. Não me leve a mal, estou lisonjeado. Simplesmente não consigo ver a semelhança.”

"Sempre há uma chance de que o álcool e decisões ruins por parte dela possam levar a uma maravilhosa noite."

STUART: Aqui, Sheldon, eu peguei o novo Hellboy para você. É para deixar qualquer um louco.

SHELDON: Perdão. Alerta de spoiler.

STUART: Não contei nada.

SHELDON: Você falou que é de deixar qualquer um louco. Então, minha mente estará preparada para enlouquecer. E quando uma mente está pré-louca, não pode ser des-louca.

STUART: Desculpe.

"Teremos de parar na Pottery Barn a caminho do trabalho. Comprei uns lençóis de *Star Wars*, mas eles acabaram sendo muito estimulantes para serem compatíveis com uma boa noite de sono. Não gosto da forma como Darth Vader fica olhando para mim."

"Não sei como, mas ela está roubando! Ninguém consegue ser tão atraente e tão habilidosa em videogames."

PENNY: Isso é tão triste...

SHELDON: Não, o que é triste é que você não sabe que Adam West é o Batman da TV.

"Amo minha mente."

"Tudo é melhor com Bluetooth."

SHELDON: Sou uma mutação genética superior, uma melhoria no medíocre estoque existente.

MISSY: O que você quer dizer com "medíocre estoque"?

SHELDON: Isso seria você.

"Acredite, se eu tivesse um raio da morte, não estaria vivendo aqui. Estaria no meu covil desfrutando do dinheiro que as pessoas da Terra me dariam para não usar meu raio da morte."

"Leonard, por favor, não entenda mal, mas no dia em que você ganhar um Prêmio Nobel será o dia em que eu começarei minha pesquisa no coeficiente de arrastamento dos fios em tapetes voadores."

"Como o protagonista masculino subordinado em incontáveis filmes de ação que desaparece no meio da história, eu voltei para salvar o dia."

Penny: Olha, Sheldon, eu entendo o que você está passando.

Sheldon: É mesmo? Você acabou de ter o Prêmio Nobel de Serviços de Garçons roubado de suas mãos?

"Olhe, você pode ter a democracia em sua amada Rússia, mas, na equipe do Torneio de Física, eu mando com punho de ferro."

"É, eu peço desculpas por minha explosão anterior. Quem precisa de Halo quando podemos nos divertir com as histórias simples da 'prostituta de Omaha'?!"

"Se houver uma igreja de Sheldon, ela começou aqui."

Sheldon: Não consigo acreditar que ele me demitiu.

Leonard: Bom, você o chamou de "um professor de ciências do ensino médio glorificado cujo último experimento bem-sucedido foi iluminar os próprios peidos".

Sheldon: Em minha defesa, eu prefaciei essa frase com um: "Com todo o respeito."

Raj: Ei, Sheldon, adivinhe o que ouvi hoje.

Sheldon: Eu imagino que você tenha ouvido várias coisas hoje. Quando chegou ao trabalho, sem dúvida ouviu "Olá, Raj", "Como está você, Raj?". E, como está usando um novo suéter, pode ter ouvido "Suéter novo?" e possivelmente, apesar de menos provável, "Lindo suéter".

"Você tem o brilhante Sheldon Cooper no seu laboratório e vai pedir que ele lave os pratos? É como pedir ao Incrível Hulk que abra uma jarra de picles."

Penny: Olhe, esqueça que eu contei (suspiro) que não me formei na faculdade comunitária, certo?

Sheldon: Esquecer? Você quer que eu esqueça? Essa mente não esquece. Não esqueci nada desde o dia em que minha mãe parou de me dar o peito. Era uma terça chuvosa.

Sheldon: Quando foi a última vez que você teve seu ciclo menstrual?

Penny: Oh, não vou responder a isso Sheldon!

Sheldon: Vou colocar "em progresso".

Sheldon: Como irei trabalhar?

Leonard: Pegue o ônibus.

Sheldon: Mas não posso pegar o ônibus. Eles não têm cintos de segurança. E não permitem que você se amarre no banco com cordas elásticas.

Leonard: Você tentou se amarrar no banco com cordas elásticas?

Sheldon: Não tentei, eu me amarrei. Por alguma razão, isso alarmou os outros passageiros e fui expulso do ônibus.

Raj: Ele está vendendo a Espada de Azeroth no eBay.

Leonard: Você nos traiu por dinheiro? Quem é você?

Sheldon: Sou um cavaleiro elfo trapaceiro. Vocês não leem as descrições dos personagens?

Sheldon: Olhe para o lado bom.

Leonard: Qual é o lado bom?

Sheldon: Só faltam mais nove meses para a Comic-Con.

Sheldon: Não podemos ir ao Big Boy? Eles só têm um hambúrguer: o Big Boy.

Penny: O Barbecue Burger é como o Big Boy.

Sheldon: Desculpe, em um mundo que já inclui o Big Boy, por que eu aceitaria algo que é como o Big Boy?

"Odeio festas de casamento. É, eu gostaria que a noiva e o noivo seguissem a dica de Bilbo Bolseiro. Encontrassem o anel, desaparecessem e todo o mundo fosse para casa."

Leonard: Se você não tem outros planos, quer ir conosco ao restaurante tailandês e depois a uma maratona de filmes do Super-Homem?

Penny: Uma maratona? Uau, quantos filmes do Super-Homem foram feitos?

Sheldon: Você está brincando, certo?

Penny: Leonard, você poderia comprar algumas revistas em quadrinho para o aniversário do meu sobrinho?

Leonard: Claro. Do que ele gosta?

Penny: Não sei, ele tem 13 anos. Compre qualquer coisa.

Sheldon: Comprar qualquer coisa? Talvez, ao mesmo tempo, pudéssemos comprar um novo terno para ele sem saber seu tamanho, ou escolher uma carreira para ele sem saber suas aptidões ou escolher um novo cereal de café da manhã sem saber suas necessidades de fibras ou seus sentimentos sobre ter pouco marshmallow.

"A necessidade de encontrar outro ser humano para dividir a vida sempre me intrigou. Talvez porque eu esteja muito interessado em mim mesmo. Dito isso, que vocês sintam tanta felicidade um com o outro quanto eu sinto sozinho."

"Sou um cientista. Nunca peço desculpas por dizer a verdade."

"Você recentemente mudou seu xampu. Não me sinto confortável com o novo perfume. Por favor, pare com essa loucura e volte ao de maçã verde."

Sheldon: Muito bom, dr. Koothrapali.

Raj: Como é?

Sheldon: Você deu um grande salto evolucionário ao abandonar a interação humana e se permitir uma ligação romântica com uma máquina sem alma. Parabéns.

Raj: Não me liguei a isso.

Sheldon: Oh, não. Claro. Eu entendo. Você tem medo de que o mundo não esteja pronto para seu amor tabu. Seu segredo está seguro comigo. É só um telefone.

Sheldon: Você não acha que estou sendo condescendente, acha?

Penny: Bem...

Sheldon: Oh, me desculpe, condescendente significa...

"Vou evitar sua dor e nervosismo de esperar pela resposta. Concordo em ser parte de seu projeto. Parabéns."

Sheldon: Bom, bom. Estou feliz por ainda sermos amigos.

Penny: É mesmo?

Sheldon: Oh, claro. Deu muito trabalho acomodá-la em minha vida. Odiaria que esse esforço tivesse sido em vão.

Penny: Pense nisso como se fosse conhecer a mãe de seu filho.

Sheldon: Oh, isso não tinha me ocorrido. Suponho que ela deverá ter acesso a nossa progênie. E você não acha que posso alcançar esse tipo de intimidade via mensagem de texto?

Penny: Provavelmente não.

Sheldon: Hum... Parece que as empresas de telefone mentiram para mim.

Leonard: Penny me beijar não é algo insano. Ela costumava me beijar o tempo todo.

Sheldon: Einstein definiu insanidade como "fazer a mesma coisa várias vezes esperando resultados diferentes".

"Gatos são companheiros maravilhosos. Eles não discutem ou questionam minha autoridade intelectual."

Penny: Você é inacreditável.

Sheldon: Eu sei.

CURIOSIDADES

Sheldon Cooper é do Texas, e o ator que o interpreta, Jim Parsons, também.

Johnny Galecki (Leonard) e Kaley Cuoco (Penny) tiveram um relacionamento na vida real. Namoraram durante a segunda e a terceira temporada da série.

Mayim Bialik (Amy) é cientista na vida real, pois tem um doutorado em neurociência cursado na Universidade da Califórnia, em Los Angeles.

O ator que interpreta o ex-companheiro de apartamento de Sheldon é Steven Yeung, que atualmente podemos ver no papel de Glenn, em *The Walking Dead*.

Charlie Sheen aparece em um episódio bebendo no Cheesecake Factory e troca umas palavras com Raj. O ator foi o protagonista de *Two and a Half Men*, uma comédia criada por Chuck Lorre, criador também de *The Big Bang Theory*.

Quatro atores de *The Big Bang Theory* tinham trabalhado antes na série *Roseanne*: Johnny Galecki (Leonard), Sara Gilbert (Leslie), Laurie Metcalf (mãe de Sheldon) e Sara Rue (Stephanie). Na verdade, o criador de *The Big Bang Theory* foi roteirista de *Roseanne*, e Mark Cendrowski dirigiu episódios de ambas as comédias.

Sheldon e Leonard recebem seus nomes em homenagem ao produtor Sheldon Leonard, responsável por séries clássicas como *Make Room for Daddy* e *The Andy Griffith Show*.

O título com o qual se trabalhava inicialmente era *Lenny, Penny e Kenny*.

O piloto original da série era muito diferente do primeiro episódio que finalmente foi ao ar. Eram feitas muitas piadas sobre sexo, e em lugar de Penny havia outra personagem feminina, chamada Katie, que era muito mais festeira e explícita (interpretada pela atriz Amanda Walsh). Também havia uma garota *geek* e também cientista, amiga de Leonard, chamada Gilda (interpretada por Iris Bahr). Não existia nem rastro de Howard e Raj. Para a trilha sonora, foi utilizada a canção *She Blinded me with Science*, de Thomas Dolby.

Jim Parsons (Sheldon) nunca viu nenhum episódio de *Jornada nas Estrelas* nem de *Dr. Who*.

Os óculos que Johnny Galecki usa para interpretar Leonard não têm lentes.

Kaley Cuoco quebrou a perna em um acidente com um cavalo e ficou engessada por vários dias. No episódio em que regressou, permaneceu o tempo todo atrás de um balcão.

O cientista brasileiro André Nemésio batizou uma nova espécie de abelha com o nome *Euglossa bazinga*, em homenagem ao personagem de Sheldon Cooper.

Uma televisão da Bielorrússia estreou uma série chamada *The Theorists* que era uma cópia descarada de *The Big Bang Theory*. Um processo por plágio começou a ser posto em marcha, mas não foi necessário, porque, ao correr o boato de que a série era uma imitação, os próprios atores de *The Theorists* abandonaram o trabalho.

Jim Parsons (Sheldon) ganhou o Globo de Ouro de melhor ator de comédia em 2011. O prêmio foi entregue por sua companheira de elenco Kaley Cuoco (Penny). O ator também ganhou dois Emmy pelo mesmo papel, em 2010 e 2011.

Bazinga! foi impresso em São Paulo/SP pelaAraguaia,
para a Editora Lafonte Ltda., em janeiro de 2014.